LA

GUERRE

EN 1866

SES CAUSES, SON BUT, SES PRINCIPAUX ÉVÉNEMENTS
ET SES CONSÉQUENCES.

PARIS. — TYPOGRAPHIE DE AD. LAINÉ ET J. HAVARD, RUE DES SAINTS-PÈRES, 19.

LE ROI VICTOR EMMANUEL ·II·

LA GUERRE EN 1866

SES CAUSES, SON BUT, SES PRINCIPAUX ÉVÉNEMENTS ET SES CONSÉQUENCES

PAR

THOMAS-ANQUETIL

ouvrage illustré
d'un grand nombre de gravures, portraits, vues
cartes géographiques, plans de batailles, &.

TOME PREMIER.

PARIS

RENAULT ET Cie, ÉDITEURS
RUE DU FAUBOURG SAINT-JACQUES, 35

CHARLIEU FRÈRES ET HUILLER
LIBRAIRES, RUE GIT-LE-COEUR, 10

1866

AU PUBLIC.

Nous assistons à l'un des spectacles les plus grandioses, les plus terribles qui aient figuré parmi les fastes de l'histoire. Deux millions de soldats vont se ruer les uns contre les autres; un pareil nombre attend, l'arme au bras, le moment de participer à la lutte!... Devant ces sinistres symptômes, l'Europe éprouve un indicible effroi et son émotion s'accroît d'heure en heure, car elle redoute que cette avalanche d'armées n'occasionne un bouleversement général.

En Autriche, le besoin des réformes est tellement urgent; en Allemagne, la nécessité d'une réorganisation fédérale, conforme à l'esprit du temps, est réclamée si impérieusement; en Italie, le développement normal de l'indépendance et de l'unité nationales s'impose avec un caractère tellement absolu; enfin l'équilibre de l'Europe, tel que les traités de 1815 l'ont déterminé, a si peu de consistance, qu'il suffisait du plus léger prétexte pour troubler cette situation factice.

La question des duchés de l'Elbe, si minime qu'elle fût en apparence, a mis la Prusse aux prises avec l'Autriche. L'Allemagne se lève en masse, dans l'espoir de conquérir son unité et ses libertés nationales. L'Italie accourt à la mêlée pour s'affranchir à jamais. Qui nous dit que la Pologne et la Hongrie ne déploient bientôt leur antique bannière? La Russie couve d'un œil avide le champ de carnage. La France se tient attentive, dans le calme de la force. O moments pleins de sombres et majestueuses angoisses!

Les libertés politiques, l'indépendance nationale et le principe des nationalités sont devenus, aujourd'hui, les garanties indispensables du progrès, de la morale publique et de la sécurité des empires. Les peuples veulent le règne de la justice; ils veulent le *régime représentatif;* ils veulent pouvoir faire appel au suffrage universel; ils veulent être groupés par grandes familles; ils ne veulent pas être gouvernés, comme la Confédération germanique, par une multitude de princes et de souverains, déplorables vestiges du régime féodal.

La conduite que tiendra la France s'affirme du premier coup d'œil. Elle n'a dirigé aucune tentative contre le repos de l'Europe; bien mieux, elle s'est faite le coryphée de la paix. Elle n'a inquiété ni troublé personne; elle s'est réservé sa liberté d'action jusqu'au moment où ses intérêts se trouveraient engagés par la force des choses. Néanmoins, dans ce conflit qu'elle n'a pas suscité, elle a des devoirs à remplir, et elle les remplira... N'est-elle pas l'alliée des peuples? N'a-t-elle pas, en Italie, à poursuivre son œuvre interrompue? N'a-t-elle pas reçu de la Providence une mission civilisatrice? N'a-t-elle pas, elle aussi, à effacer les souillures d'une invasion barbare?... Ah! nous ne demandons plus que le drapeau tricolore fasse le tour du monde; mais nous espérons que les peuples s'inspireront tous de nos principes, de nos institutions.....

N'est-ce pas le vœu de la France?

INTRODUCTION.

I.

On connaît l'issue de l'affaire du Danemark; on sait comment la question des Duchés de l'Elbe s'est envenimée... Deux grandes Puissances s'unissent pour un guet-apens. Les troupes combinées attaquent un État voisin et lui enlèvent ses plus belles provinces. L'Europe assiste, les bras croisés, à cette injuste agression. Au moment de se partager les dépouilles du Danemark, l'Autriche et la Prusse cessent de s'entendre : elles se montrent les dents, se disent des injures et prennent les armes. L'Italie, se croyant menacée, se met en état de défense; d'ailleurs, elle a aussi des répétitions à exercer. Voilà l'Europe sur le qui vive.

A l'origine du conflit danois, l'Empereur Napoléon comprit, avec une rare sagacité, ce que pouvaient devenir, pour l'Europe, les conséquences de ce dissident. Mû par un profond sentiment d'humanité, il essaya de conjurer l'orage en proposant un Congrès qui aurait eu pour mission de parer aux éventualités et de rechercher les moyens de pacifier les nations... L'idée était trop simple, trop sage, trop généreuse pour qu'on s'y ralliât sur-le-champ. Chaque Puissance serait intervenue volontiers au règlement des affaires générales; mais aucune d'elles ne se prêtait de bonne grâce à ce qu'on s'occupât des siennes propres. Cette singulière prétention rendait une entente impossible : le projet échoua. Ainsi, faute d'avoir réglé à temps la question des Duchés de l'Elbe, le débat s'est compliqué de la question austro-prussienne, de la question italienne, et de part et d'autre on a fait des armements considérables, de sorte que le plus léger choc, la moindre étincelle, pouvaient provoquer un embrasement bien difficile à circonscrire, ce qui est arrivé effectivement.

En présence d'une conflagration imminente, les cabinets de Saint-James et de Saint-Pétersbourg, sur l'initiative de la France, se concertèrent pour entamer des négociations en commun. Après avoir épuisé toutes les voies de conciliation, ils durent s'attacher, si cela devenait nécessaire, à restreindre le plus possible les hostilités à de faibles proportions. Le plan arrêté à l'avance paraissait impraticable, sauf la dernière partie, à moins que la France, l'Angleterre et la Russie ne fussent décidées à intervenir d'un commun accord par la voie de la force... Loin de s'appliquer à calmer les esprits, à faciliter un rapprochement par des concessions mutuelles, les Puissances rivales s'exaltèrent, s'irritèrent à l'excès, et coururent au-devant d'une épouvantable catastrophe. Aussi en était-on venu à se demander avec une inexprimable anxiété s'il existait un moyen d'éviter la guerre, lorsque les faits ont parlé avec leur terrible éloquence!

Au point de vue de l'esthétique, la raison jouit d'une autorité supérieure : on devrait toujours l'écouter. En pratique, malheureusement, la passion n'est guère accessible aux scrupules : on la voit rarement reconnaître ses torts et s'amender sincèrement... Dans les circonstances que nous rapportons, était-il permis d'espérer qu'il surgît d'un Congrès, d'une Conférence, d'une assemblée quelconque, des arrangements à la convenance de toutes les parties intéressées? La paix de l'Europe se trouvant compromise par suite de contestations qui auraient exigé, pour être aplanies, des mesures tout à fait radicales, était-il présumable que la diplomatie obtînt des résultats pacifiques? Si les palliatifs étaient jugés insuffisants; si les préparatifs militaires se poursuivaient avec une activité fiévreuse; si les tentatives de conciliation s'opéraient non pas avec lenteur, non pas avec mollesse, mais avec l'intime persuasion qu'elles n'aboutiraient à rien et, pour ainsi dire, comme un acquit de conscience, était-il donc surprenant qu'on se livrât à des conjectures extrêmes, que les bruits alarmants fussent mis en circulation et qu'on bâtît au hasard un échafaudage d'hypothèses de moins en moins rassurantes?... Un jour on put croire qu'une collision sanglante était prochaine, par suite de l'antagonisme manifesté au sein de la Diète germanique, à Francfort-sur-le-Mein, quand les déclarations faites à la conférence de Bamberg suspendirent un instant les armements de la Prusse, de l'Autriche et de l'Italie. Ce temps d'arrêt fut de courte durée. Les États secondaires ayant cru devoir, pour plus de sûreté, armer chacun de leur côté, la confusion redoubla parmi les confédérés allemands, tandis que l'Italie, de plus en plus inébranlable, s'affermit dans ses projets... Cependant la France revint à son idée de congrès; l'Angleterre et la Russie daignèrent s'y rallier, *cette fois;* les autres Puissances, dont les préparatifs n'étaient pas tout à fait terminés et qui avaient besoin de temporiser, prêtèrent l'oreille à ces ouvertures d'accommodement; mais, en réalité, elles se hâtèrent de ormuler leurs prétentions et de poser des réserves, si bien que les points dont il aurait fallu s'occuper immédiatement semblèrent devoir être écartés, sinon ajournés indéfiniment. Sur ces entrefaites, une rumeur vague vint porter l'agitation à son comble : c'était la nouvelle de l'entrée d'une division turque en Moldavie, suivie de près par un corps d'armée russe...

Ces bruits, bien qu'ils ne fussent pas fondés, indiquaient la véritable situation des esprits. Non-seulement ils réveillaient d'anciennes inimitiés, ranimaient de vieilles haines, suscitaient les jeunes ambitions, mais encore, à l'aide de ce concours de complications inextricables, ils remettaient tout à coup en présence la question du Danemark, la question Allemande, la question italienne, la question des Principautés, peut-être même la question d'Orient, sans préjudice de celles de Pologne et de Hongrie. Quel chaos!... S'il est vrai que le feu du ciel allume parfois l'incendie, s'il est vrai que la fermentation populaire suffise pour provoquer une conflagration générale, s'il est vrai qu'on ne sait pas toujours d'où part le premier coup, s'il est vrai qu'une explosion puisse éclater rien que par la force des choses, hélas! le Dieu de miséricorde est bien près de s'appeler le Dieu des armées!

II.

La France assistera-t-elle à cette lutte en simple spectatrice? Lui convient-il de rester l'arme au bras quand l'Italie marchera au combat? Ne profitera-t-elle pas de cette occasion pour effacer le stigmate de 1815?

A peine Son Excellence le ministre d'État, M. Rouher, venait-il de fournir au Corps législatif, — séance du 3 mai dernier, — des explications de nature à dissiper les craintes exagérées; à peine avait-il déclaré, dans un langage plein de prudence, de modération et de noblesse, que le Gouvernement, sans décliner son influence, sans répudier le rôle que lui assigneraient les événements, penche vers la paix et fera tous ses efforts pour garder la neutralité : aussitôt un orateur de talent, un maître dans l'art de bien dire, un homme rompu aux subtilités de la politique, un personnage qui dirigea longtemps les affaires du pays et eut l'honneur de représenter la France près des cours étrangères; aussitôt M. Thiers, disons-nous, se leva pour préconiser le *Statu quo,* la paix à tout prix et la politique d'abandon.... Jamais stupeur pareille à celle de la majorité de la nation, en apprenant que cette doctrine rétrograde avait été couverte d'applaudissements frénétiques par l'Assemblée. O pernicieux pouvoir de l'éloquence et de l'adresse !...

Les bons esprits se disent que le *Statu quo* recèle dans son sein tout un avenir de troubles, d'agitation, de désordre et de ruine, car il ne repose sur aucun des éléments indispensables au bonheur du monde : l'équité, la liberté, l'indépendance des peuples et leur nationalité... Plus un pareil système se perpétuera, plus on verra les nuages et la foudre s'amonceler au-dessus de nos têtes !

La paix à tout prix constitue la position la plus scabreuse, la plus humiliante. Sur ce terrain de l'égoïsme et de la peur, plus d'amis, plus d'alliés; on voit partout des piéges et des écueils; on doute de soi-même, on méconnaît sa propre valeur, on perd tout sentiment de dignité, on s'amoindrit, on s'annihile, on s'atrophie et l'on succombe lentement sous le mépris général....

La politique d'abandon serait pour la France le désaveu complet des principes de 89, le désaveu de tout ce qu'elle a fait de beau, le désaveu des sentiments qui l'animent, le désaveu des droits qu'elle revendique; ce serait un mélange de faiblesse et de lâcheté qui nous surprendrait d'autant plus que le Gouvernement nous a moins habitués jusqu'ici à cette ligne de conduite....

Oui, nous avons horreur de la guerre!... A moins qu'elle ne soit justifiée par le cas de légitime défense ou bien par des considérations impérieuses, exceptionnelles, ou bien encore par des engagements sacrés, nous l'envisageons comme un fléau, comme un abominable forfait. En conséquence, nous prisons fort la paix, lorsqu'elle n'est pas honteuse. Nul n'est plus désireux que nous des satisfactions à donner aux intérêts matériels ainsi qu'au perfectionnement moral; nous aimons à contempler le développement progressif des arts, du commerce et de l'industrie; nous sommes heureux de l'adoption des mesures ayant pour objet d'étendre le crédit ou de créer au négoce de nombreux débouchés; nous sommes partisan des grands travaux d'utilité publique; enfin, nous sommes avide de voir nos institutions se perfectionner et la liberté s'asseoir sur des bases de plus en plus larges, de plus en plus solides. Mais nous savons aussi qu'un peuple, une fois déshonoré, ne se relève jamais; qu'il nous est interdit de transiger avec le devoir, si pénible soit-il, et que, dans aucun cas, on ne doit sacrifier l'honneur national, la vraie gloire, à des questions financières ou purement spéculatives.

Convenons-en, le succès de M. Thiers a eu de l'éclat; pourtant ne serait-ce point, par hasard, un de ces mirages qui trompent, une de ces surprises qui s'évanouissent devant un examen attentif?... L'habileté du discours, le merveilleux agencement des arguties, l'aplomb superbe de l'orateur, l'autorité qu'il exerce sur un parti, sa diction facile, sa prodigieuse faconde, son appel aux instincts sordides de l'époque, — AURI SACRA FAMES! — jusqu'à cette fiction, en vertu de laquelle, lui qui est encore si vert et qui jouit d'une si bonne santé, s'est dit amené par la vivacité de ses convictions, malgré sa vieillesse, malgré l'épuisement de ses forces, à rompre une lance en faveur des doctrines qu'il a toujours soutenues : tout cela, nous l'avouons, était bien fait pour éblouir ses auditeurs et capter leurs suffrages à une simple audition.

Cette page oratoire serait admirablement placée en tête d'un chapitre ayant trait à l'ancienne Guerre de Sept ans ou au Pacte de famille; mais M. Thiers aurait-il oublié qu'il ne s'est mis en évidence, comme publiciste, et qu'il n'est sorti de la foule comme écrivain, qu'en glorifiant la révolution et en affirmant le principe des nationalités? Il a fait avec infiniment de bonheur, à propos des affaires du jour, l'éloge du Gouvernement de Juillet, ou mieux il a prononcé sa propre oraison funèbre. Ces tendances caduques, ce panégyrique d'outre-tombe, ont pu impressionner, en dehors de l'enceinte du Corps législatif, l'âme sensible de messieurs les conservateurs quand même; néanmoins les masses sont plus rudes, elles sont plus difficiles à émouvoir, aussi la rhétorique de M. Thiers ne les a-t-elle nullement touchées. Que voulez-vous? elles ont leur fierté : c'est leur richesse!... Attendu qu'on est absolument réduit aujourd'hui à compter avec le peuple, il suit de là que l'orateur a commis une singulière méprise. On eût dit, à l'entendre parler, qu'il sortait d'un sommeil léthargique, après vingt ans d'intervalle, et qu'il se croyait encore à 1845 ou 1846, tant il ressemblait à ceux auxquels le temps n'apprend rien.

Que la politique préconisée en cette occurrence ait eu jadis sa raison d'être : rien de mieux. La France, au lendemain de 1830, totalement ruinée, privée d'alliés, encore affaiblie par ses anciens revers, tenue en suspicion aux yeux de l'Europe entière à cause de ses tendances progressistes, était condamnée au rôle le plus modeste. Depuis lors les choses ont bien changé de face, et c'est là ce dont M. Thiers ne tient aucun compte. On ne saurait, sans une partialité notoire, dénier au Gouvernement de Juillet d'avoir favorisé l'*industrialisme*, d'avoir poussé à l'extension des affaires, d'avoir aidé à la circulation des capitaux, d'avoir laissé se réparer nos forces; mais le pays, également indigné de la corruption qui gagnait les hautes régions administratives et de la déférence outrée dont ce gouvernement faisait preuve envers les signataires de la Quadruple Alliance, le renversa dans un jour de colère. A partir de cette date, la France a vu ses plaies se cicatriser rapidement : elle a repris sa place parmi les nations commerciales et manufacturières, ses richesses se sont accrues, son armée s'est renforcée, sa marine s'est réorganisée, sa prépondérance s'est augmentée autant par les travaux de la paix que par les fruits de la guerre, elle a étendu son territoire et ses colonies, elle a vaincu la Russie, elle a promené son pavillon sur les mers de la Chine, de la Cochinchine et du Japon, elle a terrassé l'Autriche, relevé l'Italie de son abaissement et, de plus, aidé au rétablissement de l'ordre dans l'empire du Mexique. Il est donc en son pouvoir, maintenant, d'empêcher qu'on ne tire un seul coup de canon en Europe sans sa permission, n'en déplaise à M. Thiers.

Dans cette harangue, tissée d'allusions à double entente, parsemée d'insinuations mal déguisées, l'orateur, non content de flétrir les actes dont le pays s'enorgueillit à juste titre, glorifie ceux qui font notre désespoir. Il s'est bien gardé de laisser échapper de ses lèvres le mot : 1815; mais on sent qu'il l'invoque à chaque phrase comme la loi et les prophètes; on sent qu'il vénère l'esprit et la lettre d'un traité dont le souvenir nous brûle à l'égal d'un fer rouge... Dieu nous garde de jamais révoquer en doute le patriotisme de M. Thiers. Les services de cet homme d'État sont réels, et son nom est de ceux dont la France s'honore. Mais ne se serait-il pas trompé sciemment d'époque? Le regret de sa défaite n'aurait-il pas rendu son caractère, naturellement irascible, encore plus inquiet, plus morose, plus rancuneux? Enfin son plaidoyer en faveur de la paix ne serait-il qu'une *Philippique?*

III.

On distingue deux sortes de traités : ceux consentis librement, et ceux extorqués par la violence. Les premiers résultent du besoin de certaines mesures, de certaines améliorations d'ordre ou de convenance, que les parties contractantes désirent introduire chez elles à l'aide de concessions réciproques et d'engagements respectifs. Dans l'espèce, quand l'urgence n'existe pas, les clauses stipulées sont l'objet d'une étude approfondie; en outre, la durée de la convention est ordinairement assez limitée. La bonne foi prescrit de se conformer strictement aux termes d'un contrat passé ainsi de gré à gré... Les seconds, au contraire, sont l'application de la loi du plus fort dans ce qu'elle a de plus abusif, de plus inhumain : *Væ victis*,—Malheur aux vaincus!—Par cela seul qu'ils résultent d'une pression de force majeure, ils n'ont aucun caractère obligatoire : que la situation vienne à changer de face, qu'ils cessent de dominer les événements dont ils découlent, on les méconnaît aussitôt. L'histoire, d'accord sur ce point avec le droit des gens, admet leur nullité morale et se complaît à enregistrer dans ses annales les faits qui constatent leur nullité effective. Or les traités de 1815 n'appartiennent-ils pas à cette dernière catégorie?

D'après M. Thiers, nous devrions tenir pour inviolable une transaction écrite sur le sable avec la pointe d'une baïonnette, et expier éternellement les revers du passé. Pourrions-nous bien accepter une humiliation pareille! Quoi! vous avez été assailli, entouré, violenté, vous avez subi toute sorte de mauvais traitements, on vous a forcé de souscrire à votre ruine, et, parce qu'on ne vous a pas massacré, parce que votre cadavre eût embarrassé les assassins, vous n'auriez pas le droit, plus tard, de leur faire rendre gorge?... Cette doctrine subversive et lâche sanctionne tout bonnement le brigandage. Combien l'Empereur n'a-t-il pas été mieux inspiré en s'écriant à la réception d'Auxerre : « COMME VOUS, JE DÉTESTE « LES TRAITÉS DE 1815! » Ce cri de l'âme a trouvé un écho dans tous les cœurs français; il a remué toutes les poitrines mâles et a retenti d'un bout de l'Europe à l'autre. Le discours de M. Thiers est déjà oublié; l'impression produite par cette parole de l'Empereur reste ineffaçable. Aussi les grandes puissances, frappées de l'enthousiasme unanime qui s'est manifesté à ce sujet parmi les populations, ont-elles reconnu implicitement, dans les négociations ouvertes pour le maintien de la paix, que le moment de reviser les traités de 1815 est venu. La diplomatie anglaise ne saurait être suspecte d'engouement à l'endroit des intérêts ou de la grandeur de notre pays, pourtant voici le langage qu'on lui prête : « Sans doute, l'in-« térêt britannique dans les affaires continentales est « très-grand ; mais celui de la France est bien plus « considérable. Il est indispensable que l'Angleterre

« ne fasse rien sans s'être assurée du concours de la « France. La plus complète harmonie règne entre les « deux gouvernements de France et d'Angleterre... « L'Angleterre ne désire voir maintenus les traités « de 1815 qu'en ce qu'ils pourront offrir encore « d'avantageux à l'Europe ; elle préférerait qu'un « pacte de 1866 fût substitué aux traités de 1815, si « souvent méconnus et qui ne dominent plus la « situation européenne. »

Cependant il se faisait un échange incessant de notes diplomatiques entre les divers cabinets. Désireuses de mettre un terme à la situation qualifiée de paix armée, les Puissances neutres, — quelle est donc la Puissance réellement désintéressée à ce débat? — étaient tombées d'accord pour amener celles sur le point d'en venir aux mains à régler leurs différends sans recourir à la voie des armes, n'entendant toutefois s'engager en aucune façon à rendre les invitations ou les exhortations du congrès obligatoires pour les États qui avaient provoqué, par l'activité de leurs armements ou par l'énoncé de leurs griefs, la formation dudit congrès. La Prusse et l'Italie semblèrent adhérer spontanément à la conférence proposée, en précisant néanmoins leurs réclamations. L'Autriche ne se serait pas refusé d'assister à un congrès où il aurait été question de débattre et d'examiner tous les intérêts en cause. Elle y serait venue animée d'intentions pacifiques, sans cependant se lier les mains et sans aliéner son droit de refuser les conclusions du congrès sur les questions en litige.

On put voir alors qu'il existait un point terriblement noir sur l'horizon bleu des optimistes ; que le terrain était parsemé de méandres; que la cause fourmillait de *mais, de si* et de *car*. A cet aréopage diplomatique, chacun aurait voulu plaider; les arbitres, eux-mêmes, devaient plaider *pro aris et focis*. Si tout le monde avait plaidé, il ne serait plus resté personne pour remplir les fonctions de juge; bien mieux, nul d'entre eux n'étant revêtu d'une autorité suffisante pour rendre la sentence exécutoire, qui donc s'y serait soumis sans conteste? En vérité, on pouvait craindre que les aimables compositeurs ne renvoyassent les parties dos à dos, après avoir constaté l'impossibilité de les rapprocher... C'est alors que les singulières prétentions de l'Autriche ont fait rompre les négociations diplomatiques et appelé le choc des batailles.

IV.

La question des duchés de l'Elbe n'est pas encore coulée à fond. Le Danemark se tait. Son silence démontre la justice de sa cause.

L'Allemagne tend à modifier la Confédération germanique. Nous ne demandons pas mieux, pourvu qu'elle adopte un système plus libéral, une forme moins sujette aux dissidences.

Cette transformation ne saurait s'accomplir sans qu'il y ait des intérêts froissés, des ambitions déçues. De quelle nature seront les indemnités à allouer, ou bien les compensations à fournir? Qui donc payera les pots cassés? Quel sera le bouc émissaire? Un innocent, bien sûr!...

La Prusse envisage d'un mauvais œil la suprématie de l'Autriche ; il n'est pas de réforme risquée, de tentative aventureuse qu'elle n'aborde afin de se populariser, afin de prendre le pas sur sa rivale, afin d'accroître son influence.

L'Autriche résiste ; elle défend ses prérogatives ; elle les soutiendra *hic et nunc et semper*, à tout prix, coûte que coûte ; mais, *unguibus cum rostro;* peu lui importe : elle n'y regarde pas de si près!...

Sans se prononcer trop ouvertement entre les deux compétiteurs, l'Allemagne aspire à former une nation compacte, avantage que l'Autriche ne pourrait lui offrir.

La Hollande ne se trouve pas si bien de ses rapports avec la Confédération germanique qu'il ne lui ait pris envie de rompre les liens qui l'unissent au Corps fédéral. Elle songerait, paraîtrait-il, à chercher un autre appui.

La Pologne et la Hongrie sont dans une attente pleine d'anxiété.

Les Principautés danubiennes, trop faibles, trop mal assises, trop peu protégées pour être à l'abri de toute insulte, seront tôt ou tard le théâtre où la Russie et la Porte ottomane se rencontreront les armes à la main.

La Servie, la Bosnie, la Bulgarie et le Monténégro ne visent qu'à secouer le joug du sultan.

La Grèce porte ses regards sur Constantinople.

Quant à l'Italie, elle tient son glaive dirigé vers Venise...

En ces derniers temps, les démonstrations ayant pour but de soustraire la Vénétie à la domination de l'Autriche ont inspiré des inquiétudes à quelques amis de l'Italie. On parle d'une disproportion de forces trop sensible, si par cas cette Puissance était abandonnée à elle-même et que la France lui retirât son concours. Qu'on se rassure. La différence de mobile égalisera les chances du combat. Les Italiens possèdent la force qui vient de Dieu, c'est-à-dire l'énergie, la volonté, la conscience de leur droit et la confiance en eux-mêmes. En revendiquant la Vénétie, en travaillant à son affranchissement, ils obéissent à la voix de la nature clamant au fond de leurs entrailles fraternelles. Comment imposer silence à ces éjaculations de l'âme? De pareils sentiments ne font-ils pas d'invincibles héros?

Quant à la France, à part les frais énormes auxquels l'entraînerait une neutralité armée, à part les perturbations momentanées qu'une intervention directe causerait à son commerce et à son industrie, elle gagnerait assurément à une prompte solution du problème. Une fois l'union cimentée entre les peuples que l'acte inique de 1815 avait désunis ou morcelés, une fois les traces de cette odieuse souillure effacées, nous la verrons marcher d'un pas plus ferme vers ses glorieuses destinées... Celui qui gouverne l'Empire brille autant par la fermeté du caractère que par la profondeur de ses calculs. Afin de maîtriser la fortune, il commence par se maîtriser lui-même; ne donnant jamais rien au hasard, il attend toujours que le moment de se prononcer soit venu. On le dit heureux : soit; néanmoins nous ferons observer qu'en politique le bonheur est acquis non pas au plus habile, au plus résolu, au plus entreprenant, mais bien au plus prudent et au plus sagace. Pour réussir, ne faut-il pas savoir parer aux éventualités, rester calme en présence des événements inattendus, prévoir toutes les combinaisons, dissimuler ses desseins, deviner les intentions de ses adversaires, déjouer leurs projets, savoir préparer l'opinion publique ou se la rendre favorable, savoir se décider à propos, savoir se tenir en garde contre l'enivrement du succès et ne pas abuser de la victoire?.. Ne soyons donc nullement surpris de son apparente inaction; il mûrit ses plans. Plus la décision sera tardive, plus l'exécution sera irrésistible et rapide. Fiez-vous à lui pour venger nos anciennes offenses. Notre gloire ne lui est pas moins chère que le soin de nos intérêts, et il sait compatir au sort des nations opprimées. A ses yeux, le courage sans la prudence n'est que de la témérité. S'il passe la veillée des armes dans un recueillement solennel, en attendant que les prétentions de chacun se soient formulées ou bien que la mêlée se soit engagée, soyez certains, cependant, à peine l'opinion publique se sera-t-elle manifestée, à peine cette voix souveraine, — *vox populi, vox Dei!* — aura-t-elle parlé; soyez certains, disons-nous, qu'il saura bien contenir l'ardeur de nos troupes, s'il s'agit de négocier, et qu'il n'hésitera pas un instant à lancer à l'ennemi nos vaillantes cohortes, s'il s'agit de combattre.

Cet opuscule a pour but d'indiquer la participation des diverses Puissances de l'Europe aux événements qui se préparent. Nous suivrons pas à pas les péripéties du drame, et nous les consignerons au fur et à mesure qu'elles se dérouleront.

Si l'épée doit sortir du fourreau, que ce soit pour inscrire, au code des nations, leur affranchissement et leur liberté!... La France est prête à tous les sacrifices : que Dieu la protége!

Si l'œuvre de la civilisation, du progrès et des nationalités ne peut s'établir en Europe qu'à la suite d'un enfantement douloureux, que Dieu soutienne l'Empereur dans cette grande opération *Césarienne!.....*

Que Dieu aide la démocratie et les nationalités!!!

LA GUERRE EN 1866

SES CAUSES, SON BUT, SES PRINCIPAUX ÉVÉNEMENTS
ET SES CONSÉQUENCES.

CHAPITRE PREMIER.

ORGANISATION DE LA CONFÉDÉRATION GERMANIQUE (1814 — 1815).

I.

Lorsque Napoléon Ier eut supprimé l'Empire d'Allemagne, en 1806, il organisa la Confédération du Rhin, et s'en déclara le Protecteur; seize souverains ou princes allemands s'empressèrent d'y adhérer, bon gré, mal gré. Sous l'énergique impulsion du fondateur, cette confédération prit un essor rapide. En 1811, elle comptait déjà trente-six États.

Le 30 mars 1814, l'Europe, liguée contre Napoléon, fit essuyer à la France un douloureux désastre à la suite duquel eut lieu la restauration des Bourbons. Le traité de Paris prouva que les Puissances coalisées, non contentes de renverser Napoléon, s'étaient proposé d'affaiblir la France; toutefois elles rétablirent ses anciennes limites, telles qu'elles existaient au 1er janvier 1792, et lui laissèrent quelques-uns des Cantons suisses ainsi qu'une partie de la Savoie.

Les représentants des principaux États de l'Europe se réunirent ensuite à Vienne à l'effet de régler les dissidences qui s'étaient élevées par suite des vicissitudes de vingt-cinq ans de guerre. On attendait de cette assemblée européenne de nobles décisions, d'importantes et justes modifications. Elle ne montra que de l'égoïsme, de l'avidité, et le manque de foi le plus absolu. On allait, disait-on, asseoir l'équilibre de l'Europe sur le principe de la *légitimité;* mais, eu égard à l'élasticité de ce mot magique et chacun l'interprétant suivant ses vues, l'Autriche s'adjugea le royaume lombard-vénitien, l'Istrie, la Croatie, etc., et consentit à laisser sur le trône de Naples Joachim Murat, fort suspect à la quadruple alliance; la Russie maintint à Bernadotte la couronne de Suède et reprit la Pologne; la Prusse s'incorpora une partie du royaume de Saxe; l'Angleterre obtint la Hollande pour la maison d'Orange; l'État de Gênes et le Piémont échurent au roi de Sardaigne; enfin Ferdinand VII fut reconnu roi d'Espagne, malgré les réclamations de son père, détrôné par des factieux à Aranjuez.

Dès son abdication à Fontainebleau, Napoléon entrevit la possibilité de revenir en France. Effectivement il reparut, porté par le torrent des masses, et reprit son sceptre le 21 mars. Une nouvelle coalition se forme aussitôt entre toutes les Puissances, excepté la Suède et la Porte ottomane. L'Europe voulut une seconde fois et à force ouverte, empêcher Napoléon de jouer le rôle que lui destinaient son patriotisme, son génie, et l'amour du peuple français. Deux événements de lugubre mémoire, la bataille de Waterloo et la capitulation de Paris, terminèrent les Cent-Jours, de sorte que les opérations diplomatiques se renouèrent sur-le-champ.

Les Alliés, en prenant les armes, avaient proclamé qu'ils ne rendaient nullement la France complice de l'usurpation de Bonaparte et qu'ils visaient uniquement à assurer l'exécution du traité de 1814. A peine eurent-ils remporté la victoire, à peine la résistance eût-elle cessé, à peine la France fut-elle occupée militairement, ils passèrent l'éponge sur la ligne de séparation si frauduleusement tracée par eux entre Napoléon et la nation française. Celle-ci fut déclarée solidaire avec son empereur ; aussi, pour assouvir à la fois leur vengeance et leur avidité, les alliés ravirent à Napoléon sa liberté, en l'envoyant à Sainte-Hélène, et ruinèrent la France. Puisse notre pays apprendre, par cet exemple, à s'émouvoir à des moindres menaces d'invasion ; puisse-t-il apprendre comment on doit se comporter quand l'ennemi menace la frontière ! Bien loin d'hésiter à mettre sous les yeux du lecteur les traités de 1815, nous voudrions que chacun pût se rappeler incessamment cette grande humiliation : cela lui donnerait du cœur.

Le traité de paix signé à Paris le 20 novembre 1815 annulait celui de 1814. Les dispositions favorables à la France disparurent, remplacées par des clauses onéreuses, lorsqu'elles n'étaient pas honteuses...

Les pertes de population qui dérivaient du nouveau traité pouvaient s'évaluer de la manière suivante :

Département du Nord......	27,000 âmes.
— des Ardennes..	78,000
— de la Moselle..	222,000
— du Bas-Rhin...	27,000
— du Mont-Blanc.	180,000
Total..........	534,000 âmes.

C'était peu, mais Landau, Sarrelouis, Philippeville, Mariembourg, nous étaient enlevés; mais une partie du pays de Gex était cédé à la Suisse; mais les ortifications de Huningue, la glorieuse ! devaient être démolies ; mais nos places fortes était condamnées à être démantelées ; mais on nous prenait nos colonies : Saint-Domingue, Sainte-Lucie, Tabago, l'Ile-de-France; et on nous réduisait à la condition d'ilotes... Que Dieu nous juge un jour !...

La France devait payer, en cinq ans : aux alliés, 700 millions; aux sujets des diverses puissances, comme indemnité des pertes éprouvées par suite de l'occupation française depuis 1789, telles sommes qu'il serait postérieurement stipulé par des négociations particulières avec chaque État. Les indemnités demandées formaient le total effrayant de 735 millions.

Un corps de troupes alliées, de cent cinquante mille hommes, devait occuper nos places frontières, et, indépendamment de prestations en nature largement mesurées, il y avait à leur payer annuellement pour la solde, l'équipement et l'entretien, 50 millions. L'occupation était fixée à cinq ans.

La moralité de ce traité du 28 novembre 1815 a été jugée. Jamais droit de conquête ne fut plus brutalement, plus impitoyablement exercé. Un pareil traité constituera une déclaration de guerre permanente, jusqu'à ce qu'un traité contraire soit venu l'annuler. La violence échoue contre l'orgueil national blessé.

En même temps que les alliés violaient sans pudeur envers la France des promesses faites avec éclat, leur étouffante dictature s'étendait sur tous les États.

Dès leurs premiers succès, à Leipsig, à Hanau (octobre 1813), les cabinets de Londres, de Vienne, de Berlin, de Pétersbourg, afin de voiler leurs desseins insidieux, n'avaient cessé de dire aux peuples : « L'Europe demande, l'état social réclame, la sécurité des gouvernements exige de vous les plus nobles efforts; il faut rétablir l'ordre sur ses antiques bases ; dès que nous serons remontés à ce degré de puissance d'où nous fit descendre le perturbateur de notre repos, nous nous occuperons de votre félicité : nous vous rendrons libres, nous assurerons vos droits naturels, droits légitimes comme les nôtres ; oui, nous avons entendu les vœux universels, et nous connaissons les besoins du siècle. » Mais, le partage consommé, les peuples du continent reconnurent la fausseté de ces promesses et reprirent leurs chaînes, après s'être sacrifiés pour la restauration des trônes.

Jamais pareille déception dans le monde, jamais tant de millions d'hommes ne se virent enlever avec plus d'audace et de rapidité un bien qu'ils avaient payé du plus pur de leur sang. Dès ce moment, les peuples comprirent qu'ils avaient vaincu, non pour eux, mais pour les princes qui les avaient appelés au combat avec les mots fascinateurs d'indépendance et de liberté. La jeunesse allemande, trompée dans les vœux de son enthousiasme et punie de son dévouement, versa des larmes de rage sur les malheurs de la commune patrie, et expia ainsi les trahisons dont l'Allemagne s'était rendue coupable envers Napoléon, celui qui l'avait délivrée du joug d'une aristocratie oppressive.

II.

L'Allemagne est une contrée du centre de l'Europe, qui se compose de divers États liés entre eux par un pacte fédératif. Ce pacte, fondé en vue de l'intérêt commun, constitue, de fait, une sorte de ligue offensive et défensive entre les divers peuples germains ou allemands d'origine ; d'où est venu le nom de : Confédération Germanique.

Sa population s'élève approximativement à 40 millions d'habitants.

Son territoire est borné : au Septentrion, par la Baltique, la mer du Nord et le Danemark ; à l'Est, par le cours inférieur de la Vistule, le bassin supérieur de la Wartha, les monts Carpathes, le cours de la Morawa, et la chaîne de montagnes qui séparent l'Autriche de la Hongrie ; au Sud, par les Alpes ; à l'Ouest, par la Hollande, la Belgique, la Prusse et la France.

Les forêts de l'antique Germanie ont disparu en partie; cependant quelques-unes subsistent encore, notamment celles de Bohême, de la Forêt-Noire, du Tyrol, de Thuringe, etc.

L'Allemagne possède des mines fort riches. L'exploitation des matières métalliques y est très-avancée. Ses salines et ses eaux minérales jouissent d'une certaine célébrité.

Les montagnes de Bohême, de Thuringe, de Hesse et de Franconie divisent pour ainsi dire l'Allemagne en deux parties : celle du Nord, unie et sablonneuse; celle du Sud, montueuse et fertile. Il existe en Allemagne une autre chaîne considérable qui se relie à celle de Bohême, puis aux Carpathes de Hongrie; elle pénètre en Saxe, après avoir longé le cours de l'Elbe et traversé la Franconie.

François-Joseph, empereur d'Autriche.

Les récoltes en céréales suffisent à la consommation. Le Midi fournit des fruits; les coteaux du Rhin donnent un vin estimé; on connaît la réputation du Johannisberg, vignoble qui appartient au prince de Metternich; cependant la bière est la boisson la plus en usage. Dans le Nord, on s'adonne à l'élève des bestiaux et des chevaux; en Saxe, à la reproduction des bêtes à laine; aux environs de la Forêt-Noire, à la sculpture sur bois ainsi qu'à la fabrication de menus objets d'économie domestique. La Saxe brille par sa porcelaine; la Prusse rhénane, par ses draps; la Silésie, par ses toiles.

Pas de pays qui se prête mieux à la navigation intérieure que l'Allemagne. Cinq grands fleuves : le Rhin, l'Oder, l'Elbe, le Weser, le Danube, reçoivent de nombreux affluents, entre autres : la Save, la Drave, la Morawa, le Pregel, l'Inn, le Mein, la Vistule, la Wartha, le Necker, la Moselle, etc.

Enfin, les villes principales, telles que : Vienne, Berlin, Dresde, Munster, Munich, Stuttgart, Ulm, Kœnigsberg, Mayence, Francfort, Aix-la-Chapelle, Cologne, Prague, Inspruck, Augsbourg, Dantzig, Potsdam, Brème, Lubeck, Hambourg, etc., cultivent avec succès diverses branches d'industrie et ne le cèdent en rien aux localités de premier ordre de France ou d'Angleterre.

III.

Les divers États de la Confédération germanique sont tenus d'obtempérer aux décisions des Plénipotentiaires délégués à l'effet de régler les affaires de cette communauté fictive; néanmoins ils jouissent d'une espèce d'indépendance en ce qui concerne leur administration intérieure : police, perception des impôts, mesures locales, dispositions particulières à chaque province confédérée, etc. Nous ferons remarquer, en outre, qu'ils sont régis, pour la plupart, en vertu de formes gouvernementales différentes les unes des autres. Ainsi on y compte des royaumes, des principautés, des landgraviats, des électorats, des duchés, une seigneurie, une république et une association de villes libres.

Selon nous, cette organisation serait vicieuse et pécherait par la base, en ce sens qu'elle ne repose, dans son ensemble, sur aucun élément solide et homogène. Effectivement, comment les intérêts seraient-ils identiques entre des États soumis à un régime quasi absolu, ou bien au régime constitutionnel, ou bien à un système représentatif plus ou moins régulier, ou bien aux formes électives et républicaines? Comment telle mesure, parfaitement applicable à une petite république, pourrait-elle s'appliquer avec fruit à une monarchie pure, et inversement?

Faisons encore observer, avant d'aller plus loin, qu'il règne une autre cause de dissolution entre les diverses parties de cette entité fédérative : c'est que certains États, — ce sont précisément les plus puissants, — possèdent des provinces qui n'appartiennent pas, en fait, à la Confédération germanique et dont ils pourraient utiliser les ressources, les forces, l'armée, pour accroître leur prépondérance sur la nation allemande.

Voici l'indication des États dont se compose la Confédération germanique :

L'empire d'Autriche,
Le royaume de Prusse,
Le royaume de Saxe,
Le royaume de Bavière,
Le royaume de Hanovre,
Le royaume de Wurtemberg,
Le royaume de Hollande,
Le royaume de Danemark,
Le grand-duché de Bade,
Le grand-duché de Hesse-Darmstadt,
L'électorat de Hesse-Cassel,
Le grand-duché de Mecklembourg-Schwerin,
Le duché de Brunswick,
Le duché de Nassau,
Le grand-duché de Saxe-Weimar,
Le duché de Saxe-Cobourg-Gotha,
Le duché de Saxe-Meiningen-Hildburghausen,
Le duché de Saxe-Altenbourg,
Le grand-duché de Holstein-Oldenbourg,
Le grand-duché de Mecklembourg-Strélitz,
Le duché d'Anhalt-Dessau,
Le duché d'Anhalt-Kœthen,
Le duché d'Anhalt-Bernbourg,
La principauté de Schwartzbourg-Rudolstadt,
La principauté de Schwartzbourg-Sondershausen,
La principauté de Hohenzollern-Hechingen,
La principauté de Hohenzollern-Sigmaringen,
La principauté de Lichtenstein,
La principauté de Waldeck,
Le landgraviat de Hesse-Hombourg,
La principauté de Reuss-Greitz,
La principauté de Reuss-Schleitz,
La principauté de Reuss-Lobenstein-Ebersdorf,
La principauté de Lippe-Schauenbourg,
La principauté de Lippe-Detmold,
La ville libre de Lubeck, } Ancienne association anséatique.
La ville libre de Brème, }
La ville libre de Hambourg, }
La république de Francfort-sur-le-Mein.
La seigneurie de Kniphausen, enclavée dans le duché d'Oldenbourg et n'ayant pas de voix à la Diète.

Les forces dont la Confédération germanique *devrait pouvoir disposer* s'élèvent environ à 400,000 hommes, *sur le papier*. En cas d'urgence, toujours par hypothèse, elles se monteraient à 600,000 hommes. Le contingent attribuable à chaque État est réparti à raison de 1 pour 100 par rapport à la population respective, en ce qui concerne l'armée active; et à raison de 1 sur 200 pour la réserve. On conçoit qu'en général les États secondaires aient de bonnes raisons pour s'exonérer d'une partie des charges qui leur incombent; en second lieu, les dissidents affaiblissent considérablement une armée privée, comme celle-là, de toute cohésion, de toute unité, de toute discipline, et manquant d'approvisionnements nécessaires à une campagne de longue haleine.

IV.

Le lien fédératif qui unit les États admis à figurer parmi cette confédération disparate repose sur les attributions conférées à deux assemblées dont les fonctions sont essentiellement distinctes.

L'une de ces deux assemblées s'appelle la Diète Générale ou PLENUM; l'autre se nomme la Diète Permanente. Elles siégent l'une et l'autre à Francfort-sur-le-Mein. Nous expliquerons tout à l'heure comment elles fonctionnent et comment leurs rouages s'engrènent.

Il existe, en outre, une sorte de juridiction suprême, un tribunal exécutif, jugeant sans appel, appelé la cour des *Austrègues*, qui tient ses pouvoirs de la Diète générale. Dès qu'il se déclare un conflit entre des États de la confédération, la Diète permanente délègue une commission d'arbitres. Que l'une des parties dissidentes ne se soumette pas à la sentence d'arbitrage, la cour des Austrègues est saisie de l'affaire, elle prononce son jugement, et, de sa propre autorité, elle requiert les forces de la confédération pour le faire exécuter... Ne voyez-vous pas, d'ici, les inextricables complications que doit soulever une pareille manière de procéder, alors, surtout, que la cour des Austrègues se trouve en présence de l'un des principaux États de la confédération, lequel, de son côté, ne manque pas de se ménager des adhérents?.....

Les divers États sont tenus, avons-nous dit, de se prêter un mutuel secours contre l'ennemi du dedans ou du dehors; en conséquence, il leur est interdit de traiter isolément et pour leur propre compte. Chacun d'eux est tenu de s'en référer, à cet égard, aux déterminations de la Diète générale. Qu'il survienne, au sein d'un État, des troubles ou une révolution de nature à compromettre le *statu quo*, la confédération apprécie et intervient au besoin. Le cas échéant, c'est au *Plenum* qu'appartient le droit de vider la question. Enfin, les États, bien qu'ils soient indépendants les uns des autres en ce qui se rattache à leur administration intérieure, ne sont pas égaux entre eux. Ils ne sont nullement sur un pied de parité complète relativement à la réciprocité de leurs relations politiques, attendu que ces matières se règlent par des assemblées dans lesquelles les confédérés les plus puissants ont le plus grand nombre de voix.

La Diète permanente s'occupe des affaires d'ordre ainsi que des événements secondaires; elle est autorisée à couler ces sujets à fond, c'est-à-dire à les régler d'une manière définitive, sauf le cas de résistance formelle de la part de l'un ou plusieurs des confédérés. Quant aux affaires importantes, elle les examine, les discute, et décide s'il y a lieu de les prendre en considération. En cas d'affirmative, elle les renvoie au PLENUM qui a seul le droit de délibérer.

Aux séances de la Diète permanente, les propositions, pour être adoptées, n'ont besoin que d'une simple majorité absolue de voix. Mais le nombre des membres de cette assemblée ne se monte qu'à 17, tandis que celui des États, — nous ne parlons pas des provinces, — s'élève à 40; d'où il résulte que plusieurs États n'ont, à peine, qu'une fraction de voix, et qu'ils doivent s'entendre entre eux pour nommer leur délégué commun.

Chaque unité de votation s'appelle une *curie*. Nous verrons bientôt que telle curie représente le vote de plusieurs États à la fois, tandis que telle autre donne le vote d'un seul État.

Voici comment se répartissent les 17 voix de la Diète permanente, ou, pour mieux dire, voici sur quelle base les États de la Confédération doivent nommer leurs représentants à cette assemblée :

	Voix.
Autriche	1
Prusse	1
Saxe	1
Bavière	1
Hanovre	1
Wurtemberg	1
Bade	1
Hesse-Cassel	1
Hesse-Darmstadt	1
Danemark	1
Hollande	1
Saxe-Weimar Saxe-Cobourg-Gotha Saxe-Meiningen-Hildburghausen Saxe-Altenbourg	1
Brunswick Nassau	1
Mecklembourg-Schwerin Mecklembourg-Strélitz	1
Holstein-Oldenbourg Anhalt-Dessau Anhalt-Kœthen Anhalt-Bernbourg Schwartzbourg-Sondershausen Schwartzbourg-Rudolstadt	1
A reporter	15

	Voix.
Report	15
Hohenzollern-Hechingen .... Hohenzollern-Sigmaringen .... Lichtenstein .... Reuss-Greitz .... Reuss-Schleitz .... Reuss-Lobenstein-Ebersdorf .... Lippe-Schauenbourg .... Lippe-Detmold .... Waldeck	1
Hambourg .... Brême .... Francfort-sur-le-Mein .... Lubeck .... Hesse-Hombourg	1
TOTAL	17

Il nous semble inutile de faire observer ici au lecteur combien cette organisation est défectueuse, par suite de la difficulté que les États les moins importants doivent éprouver à choisir un mandataire qui puisse représenter avec efficacité des intérêts divergents ainsi que les principes contraires professés par leurs mandants.

La Diète générale, ou *Plenum*, jouit seule de la faculté de délibérer, mais elle ne discute pas. Ses décrets se rendent à la majorité des deux tiers des voix. Elle fait, à son gré, la paix ou la guerre. Elle peut apporter des modifications au pacte constitutif. Elle nomme le généralissime des troupes de la Confédération, ainsi que les commandants des forteresses fédérales : Ulm, Landau, Luxembourg et Mayence. Elle choisit les membres de la commission militaire de surveillance, elle accrédite au besoin des agents diplomatiques près des Puissances étrangères et reçoit leurs ambassadeurs; en un mot, c'est l'âme du corps germanique; mais elle s'est réservé la faculté de déléguer ses attributions, en tout ou en partie, à la Diète permanente, ainsi que cela s'est pratiqué depuis l'origine de la question danoise jusqu'à ce jour. On reconnaît là une rouerie de l'Autriche.

Les propositions émanant, soit de la Diète permanente, soit du *proprio motu* de l'un des membres du *Plenum*, sont présentées à l'assemblée par son président, qui est obligé de les lui soumettre dans un délai déterminé. Cette mesure obligatoire est excessivement importante, en ce sens que, par une disposition particulière, la présidence appartient de droit à l'Autriche.

Nous terminerons cet aperçu concernant l'organisation intérieure de la Confédération germanique, en indiquant la manière dont se distribuent les 70 voix affectées aux représentants des États à la Diète générale.

	Voix.
L'empire d'Autriche : pour l'archiduché d'Autriche, la Styrie, le duché de Saltzbourg, l'Illyrie, la Carinthie, la Carniole, le Frioul, l'Istrie, le Tyrol, la Bohême, la Silésie autrichienne et la Moravie	4
Le royaume de Prusse : pour la Poméranie, le Brandebourg, la Saxe prussienne, la Westphalie, la Silésie prussienne et la Province rhénane	4
Le royaume de Wurtemberg	4
Le royaume de Saxe	4
Le royaume de Bavière	4
Le royaume de Hanovre	4
Le royaume de Danemark : pour les duchés de Holstein et de Lauenbourg	3
Le royaume de Hollande : pour le grand-duché de Luxembourg	3
Le grand-duché de Bade	3
Le grand-duché de Hesse-Darmstadt	3
L'électorat de Hesse-Cassel	3
Le duché de Nassau	2
Le duché de Brunswick	2
Le grand-duché de Mecklembourg-Schwerin ...	2
Le grand-duché de Saxe-Weimar, le duché de Saxe-Cobourg, le duché de Saxe-Meiningen-Hildburghausen et le duché de Saxe-Altenbourg ne possédaient, chacun, qu'une seule voix; mais, par suite de l'extinction de la maison de Saxe-Gotha et du partage de ce duché, une cinquième voix leur a été attribuée en commun	5
Le grand-duché de Holstein-Oldenbourg	1
Le grand-duché de Mecklembourg-Strélitz	1
Le duché d'Anhalt-Dessau	1
Le duché d'Anhalt-Kœthen	1
Le duché d'Anhalt-Bernbourg	1
La principauté de Schwartzbourg-Rudolstadt ..	1
La principauté de Schwartzbourg-Sondershausen	1
La principauté de Hohenzollern-Hechingen	1
La principauté de Hohenzollern-Sigmaringen .	1
La principauté de Lichtenstein	1
La principauté de Waldeck	1
Le landgraviat de Hesse-Hombourg	1
La principauté de Reuss-Greitz	1
La principauté de Reuss-Schleitz .... La principauté de Reuss-Lobenstein-Schauenbourg	1
La principauté de Schauenbourg	1
La principauté de Lippe-Detmold	1
La ville-libre de Hambourg	1
La ville-libre de Lubeck	1
La ville-libre de Brême	1
La république de Francfort-sur-le-Mein	1
TOTAL	70

V.

Si les promoteurs de la Confédération, c'est-à-dire l'Empereur d'Autriche et le roi de Prusse, se sont abstenus, par raison de convenance, de s'attribuer un nombre de voix plus considérable que celui affecté à chacun des royaumes de Bavière, de Hanovre, de Saxe et de Wurtemberg, c'est qu'ils espéraient bien, comme de fait, exercer la haute main sur les États secondaires condamnés à graviter dans leur orbe politique en satellites dociles. Ainsi s'explique cette feinte réserve. Cependant il arrive parfois qu'une défection inattendue déjoue, tantôt les calculs de l'Autriche, tantôt ceux de la Prusse : voilà le revers de la médaille.

Pour quels motifs la Confédération n'a-elle pas cru devoir admettre dans son sein les provinces acquises à la Prusse, de même qu'à l'Autriche, par suite du partage de la Pologne, par suite de l'asservissement de la Hongrie et du démembrement de l'Italie? Évidemment, afin de s'éviter des embarras. Le corps germanique sembla vouloir ne s'ingérer en aucune façon dans les affaires qui concernaient des provinces d'origine étrangère à la nationalité allemande ; en réalité, les États secondaires ne jugèrent pas à propos de s'imposer une surveillance quelconque sur ces peuples opprimés, puisqu'ils n'avaient point figuré au partage de leurs dépouilles. Mais ce fut de leur part un faux calcul.

Le duché de Posen, aujourd'hui à la Prusse, la province de Gallicie, aujourd'hui à l'Autriche, sont des portions de l'ancienne Pologne enlevées à ce malheureux pays, aux funestes époques de 1773, 1793 et 1815... Que les Polonais se soulèvent pour revendiquer leur nationalité, la Prusse et l'Autriche, dès qu'elles se verraient en péril, ne manqueraient pas de mettre, d'un commun accord, la Confédération en demeure de leur prêter main-forte ; et, pour ce faire, elles n'hésiteraient pas une minute à invoquer l'article du pacte fédératif où il est parlé de troubles, de révolutions susceptibles de perturber le repos ou de menacer la sécurité des confédérés. Or cette remarque est également applicable à la Hongrie, de même qu'à la Lombardie vénitienne, ce qui constitue actuellement un grave sujet de préoccupation pour le Corps germanique!...

Par contre, le royaume de Prusse, en n'insistant pas pour que ses provinces du Grand-Duché de Posen et de la Prusse proprement dite fussent admises à faire partie de la Confédération, s'est ménagé une sorte d'indépendance qui lui permet d'exercer certaine pression sur les États voisins. En effet, ses ports de Dantzig et de Kœnigsberg, sur la Baltique, joints à ceux de Stralsund, Stettin ou autres qu'elle a incorporés à la Confédération, lui assurent, vers le Nord de l'Allemagne, une prépondérance commerciale et maritime incontestable, soutenue comme elle l'est par les baïonnettes du Grand-Duché de Posen et de la Prusse proprement dite, dont la population belliqueuse se monte à plus de 10,000,000 d'habitants, admirablement façonnés à la guerre.

Nous croirions faire injure à la sagacité du lecteur en nous livrant à de longues considérations au sujet de la position de l'Autriche vis-à-vis la Confédération... L'empire d'Autriche, à l'image du fameux habit d'Arlequin, se compose de pièces et de morceaux. Ses peuples se portent mutuellement une haine implacable : les Polonais et les Autrichiens ne peuvent pas se souffrir : les Hongrois et les Croates s'abhorrent ; les Pandours et les Tyroliens se détestent ; les Italiens et les Tudesques s'exècrent ; il faut de continuels efforts de génie et de patience pour les contenir respectivement... Par son étendue territoriale, par sa configuration géographique, l'Autriche, semblable à ces monstres marins dont les bras pantelants s'allongent outre mesure pour enlacer leur proie, constituerait un immense danger pour la Confédération si elle était un tant soit peu homogène, si elle n'était menacée elle-même à chaque instant de crouler sous le choc des nationalités vengeresses. A part le faible appoint commercial que l'Allemagne retire de la navigation du Danube et de l'occupation d'une partie du littoral de l'Adriatique, — Raguse, Pola, Trieste, Venise, — l'Autriche serait une lourde charge pour la Confédération. A proprement parler, elle ne fonctionne que comme contre-poids dans cet amalgame d'États.

Les roitelets d'Allemagne la regardent comme une barrière à l'ambition de la Prusse, qui se complaît à tenir sur leur tête l'épée de Damoclès. De peur que cette Puissance n'imprime, à un moment donné, une forte impulsion au mouvement national, et dans la crainte de voir leur souveraineté s'évanouir subitement au souffle de la tourmente populaire, ils se groupent à l'envi autour de l'Autriche sans s'apercevoir qu'ils s'appuient sur un étai vermoulu !

CHAPITRE II.

DES TENDANCES DE L'ALLEMAGNE.

I.

Plein d'estime pour le peuple allemand, nous prions le lecteur, s'il nous échappait une appréciation un peu dure, une expression un peu vive, de les mettre sur le compte de l'intérêt même que nous portons à cette grande nationalité.

4

Les Allemands réunissent les qualités particulières aux peuples du Nord, et certains défauts qui appartiennent plus spécialement aux peuples du Midi. Ils ont de la bonté, de l'honnêteté, de la loyauté, de la franchise, de la patience et l'amour du travail. Patriotes sincères, attachés aux liens de la famille, ils comprennent et pratiquent tous les dévouements. Doués par la nature d'une constitution physique robuste, d'une grande énergie, ils supportent facilement les fatigues de la guerre, se plient avec bonne grâce aux exigences de la discipline militaire et font généralement d'excellents soldats. Doux, calmes, sérieux, réfléchis, flegmatiques, ils sont parfois d'une gaieté folle, bruyante; aussi, en certaines circonstances, l'exaltation tourne-t-elle chez eux à la violence, à la frénésie. Il n'est donc pas étonnant qu'ils passent pour être très-entêtés.

Les Allemands se sont adonnés de bonne heure, avec succès, aux arts, aux sciences et autres travaux de l'intelligence. Sans avoir inventé le genre gothique, en architecture, ils eurent des maîtres qui couvrirent le pays de monuments remarquables. Leurs peintres brillèrent au premier rang lors de la Renaissance. Aucun peuple n'a plus contribué qu'ils ne le firent au développement de l'imprimerie et de la gravure. Ils ont fourni, de bonne heure, toute une pléiade de penseurs, de savants, de philosophes; néanmoins, ils ont une manière abstraite, obscure, nuageuse de rendre leurs pensées, aussi passent-ils avec difficulté du domaine de l'idéologie à celui de la pratique. Les opinions les plus opposées, les théories les plus contradictoires, les idées les plus bizarres, les plus excentriques en philosophie, en politique, en matières sociales, religieuses ou spéculatives, trouvent à se produire en Allemagne, car il n'est pas de rêveur ou de songe-creux qui n'ait là ses adeptes.

L'instruction primaire a reçu, dans ce pays, une extension louable. La classe moyenne a du goût pour les études solides et le véritable savoir. D'heureuses dispositions naturelles, unies aux habitudes laborieuses de cette nation, lui assureraient une suprématie marquée, si elle savait travailler avec méthode et imprimer à ses travaux une bonne direction.

Nulle autre contrée ne possède autant d'établissements destinés à répandre l'instruction : sociétés savantes, universités, gymnases, colléges, bibliothèques publiques, musées, écoles professionnelles, élémentaires, préparatoires, etc. Le peuple lit beaucoup. Nonobstant les restrictions apportées à la liberté de la presse, on ne peut s'imaginer la quantité d'ouvrages de toute nature, de tout format et de tout genre qui voient le jour chaque année en Allemagne. La ville de Leipzig est l'officine où se manipule, en grand, le commerce de la librairie. Deux fois par an, aux époques de la foire, elle déverse un déluge de publications : in-folios, brochures, petits livres, cartes, journaux, revues périodiques, gravures, images, etc.

Chose étrange! l'Allemagne, malgré ses instincts démocratiques, malgré sa prédisposition au libre examen, malgré ses aspirations vers la liberté, est demeurée essentiellement dynastique et féodale, ce qu'il faut attribuer à la pernicieuse influence de la Confédération germanique, corporation obscurantiste s'il en fut jamais, dans laquelle les simples sociétaires sont des rois ou des princes. Nulle part le casque et l'épée ne sont entourés d'autant de prestige; nulle part les titres nobiliaires ne sont l'objet d'une pareille vénération; nulle part les favoris de la fortune ou du hasard ne se montrent plus fiers de leurs distinctions honorifiques, plus jaloux de leurs priviléges, plus disposés à perpétuer ce qu'ils nomment *leurs droits*, et plus décidés à combattre pour les défendre. Vainement la Révolution française a-t-elle éclairé l'univers : il existe en Allemagne une caste qui s'obstine à se tenir en dehors du rayonnement des idées et à fermer les yeux à la lumière!...

II.

Nous ne ferons pas l'histoire de l'Allemagne. Nous laisserons de côté son antagonisme avec Rome, ses querelles religieuses, ses guerres de succession, ses dissensions intestines; nous ne parlerons pas de sa rivalité avec les autres peuples; seulement, nous dirons un mot des tendances qui se produisent chez elle, en ce moment, et nous expliquerons comment elles lui sont venues.

Le mode électif, consacré dès l'origine pour l'intronisation à l'Empire, fut une source de discordes. Les conflagrations épouvantables suscitées par l'ambition des prétendants ne pouvaient faire autrement que d'inspirer aux peuples allemands le désir de se liguer entre eux pour résister aux prétentions des grands feudataires, tout aussi bien qu'à celles des compétiteurs à la couronne impériale. Cette ligue subsista longtemps. Eh bien, par un retour fatal, il était réservé à notre siècle de voir une Confédération de souverains ligués entre eux contre les peuples. Il est donc à propos de faire observer que, de la Confédération qui tenta de s'élaborer en 1813, à la Quadruple Alliance, il n'y avait qu'un pas.

Durant les rares instants de trêve que la guerre accordait aux populations, à l'époque du moyen âge, on en vint à comprendre combien l'ordre, la paix, l'équité, étaient nécessaires au développement du commerce et de la richesse publique, au bien-être des masses et au bonheur de la société. Les premiers empereurs allemands, afin de se prémunir contre les troubles qui éclataient à chaque avénement, afin de se ménager des appuis en cas de rivalité, accordèrent ou mieux vendirent aux villes importantes des franchises municipales à l'aide desquelles celles-ci résistèrent à l'aristocratie féodale, toujours sous les armes, toujours prête à se porter aux dernières violences, quelque futile que fût le prétexte.... Les arts, l'industrie, le commerce, gagnèrent beaucoup à ce compromis. Par politique, comme par intérêt, les souverains allemands suivirent l'exemple de leurs prédécesseurs, de sorte que les grands centres de population devinrent un abri où la civilisation eut la faculté d'élargir le cercle de son activité. Le progrès, une fois en train de se mobiliser, passa, des cloîtres et autres établissements monastiques, parmi le peuple; puis il se vulgarisa et se répandit partout.

On compte, depuis les temps reculés jusqu'à nos jours, plusieurs empereurs d'Allemagne qui témoignèrent de leur bonne volonté; mais, quoiqu'ils fussent animés du désir d'éclairer la nation, du désir de la rendre heureuse, leurs actes furent toujours empreints de roideur, de morgue absolutiste, ou bien de despotisme militaire. Les meilleurs esprits,— et, parmi eux, ceux qui ont gouverné le plus sagement, ceux qui ont le plus manifesté leur amour de l'humanité, — n'ont jamais su faire preuve d'énergie contre les préjugés et les priviléges, de sévérité contre les abus et les vexations; aussi, le répétons-nous, l'Allemagne est restée féodale, aristocratique, même à présent, malgré tous les efforts de la démocratie. La division politique, administrative et gouvernementale de ce vaste territoire en une infinité d'États, — royaumes, duchés, principautés, électorats, etc., — constitue, selon nous, une situation excessivement fausse, un élément rétrograde fort dangereux, le principe conservateur *quand même*, sur lequel repose la Confédération germanique, étant on ne peut plus hostile aux doctrines plus saines, plus rationnelles, plus équitables, qui ont eu tant de peine à se produire dans le milieu social.

La voie la plus propre à seconder le développement normal du progrès nous paraît être celle qui concorde avec la *Théorie des plans inclinés;* en d'autres termes, nul changement radical et fructueux n'est possible, en politique, s'il n'a subi préalablement les modifications préparatoires, les transformations successives sans lesquelles rien de stable ne saurait se fonder. La perfection étant l'attribut de la Divinité, l'homme n'arrivera jamais au bien qu'en passant par une gradation lente, péniblement conçue, laborieusement exécutée... Après une pareille exposition de principes, on voit que nous ne sommes pas de ceux qui voudraient que la machine fût lancée à toute vitesse dans les régions de l'inconnu. Non!... Cependant nous nous garderions bien de conseiller à qui que ce soit de faire halte dans la boue. Nous avons foi dans le mouvement des idées; nous croyons que le monde se meut, au moral comme au physique, et nous répéterons avec l'immortel Galilée : *E pur si muove!*

III.

La Confédération du Rhin, organisée par Napoléon Ier, était-elle une institution parfaite? Nous n'oserions l'affirmer; cependant elle constituait un acheminement vers une situation meilleure. Les petits États gagnèrent, sur l'ancien régime, une foule d'avantages au point de vue de l'ordre, de la justice, des libertés individuelles, des formes administratives et des rapports internationaux. Malheureusement la campagne de Russie augmenta les charges de l'Allemagne, anéantit son commerce, paralysa son industrie, et la plongea dans la détresse; aussi la Confédération du Rhin, travaillée en secret par les manœuvres de l'Autriche, notre éternelle ennemie, se leva-t-elle en masse contre nous, aux jours des sanglants revers...

Entre la première et la deuxième invasion des puissances alliées, c'est-à-dire en 1814, un congrès s'était réuni à Vienne, avons-nous dit, à l'effet de régler les affaires de l'Allemagne. On y posa les bases d'une nouvelle Confédération. Le retour inopiné de Napoléon, revenu de l'île d'Elbe en triomphateur, suspendit le travail des diplomates. Enfin la chute de l'empereur fit mettre de nouveau la Confédération sur le tapis.

L'œuvre de MM. de Metternich et de Talleyrand, que les thuriféraires de l'absolutisme ont portée aux nues, n'est qu'un pastiche informe. Elle a pris, il est vrai, un soin particulier des intérêts des princes; pour eux, c'est le *palladium*, l'arche sainte, le *Sanctum sanctorum;* mais la réforme des institutions, le développement des libertés, l'abolition des us et coutumes d'autrefois, les sûretés à offrir aux relations internationales, les dispositions à prendre pour protéger les arts, l'industrie, la science, la littérature, tout ce qui est susceptible de faire la gloire et le bonheur de l'humanité : tout cela fut impitoyablement sacrifié. On eut une confédération de souverains, et non de peuples. Les populations furent parquées de manière à former des fiefs et des apanages.

Après avoir traité les Allemands eux-mêmes en peuples conquis, — sans doute pour les punir d'avoir acclamé, vingt ans auparavant, les principes de 89, — les Puissances alliées laissèrent la réforme des institutions par trop vieillies, au libre arbitre des princes et souverains de la Confédération germanique. Il fut bien convenu qu'on ferait un pas vers le régime constitutionnel, mais les mesures tentées dans ce sens par quelques-uns des États secondaires jetèrent l'effroi au sein des monarchies. On s'empressa donc de reprendre une à une les faibles libertés octroyées : la liberté de la presse fut abolie; la représentation nationale; quoique très-restreinte, fut amoindrie; la discussion des débats publics totalement supprimée; les droits individuels furent singulièrement limités, la porte resta toute grande ouverte à l'arbitraire; enfin la Diète, — instituée, disait-on, pour traiter à fond les affaires publiques, pour s'occuper des intérêts de la nationalité allemande, — devint une simple assemblée de procureurs-fondés, ou mieux de délégués chargés de représenter leurs souverains respectifs et d'apaiser les différends survenus entre eux.

Une telle manière d'éluder des promesses formelles appelait la résistance. Il se produisit en peu de temps une série d'explosions partielles sur divers points de l'Allemagne. Le corps universitaire donna l'exemple le premier. Des littérateurs de talent, des savants illustres, des philosophes de mérite, des jurisconsultes distingués, des personnages graves et importants, ne craignirent pas de professer ouvertement des principes qui flétrissaient cette conduite déloyale. Les étudiants firent chorus à tue-tête. Depuis lors les Universités furent soumises à des règlements très-rigoureux, ce qui aboutit à les transformer presque toutes en autant de centres d'agitation permanente.

L'Autriche, eu égard à son peu d'homogénéité, serait fort embarrassée de contenter les diverses nations dont elle se compose, à moins d'exposer l'Empire lui-même à une prompte dislocation. C'est la conséquence directe de l'oppression exercée contre des peuples conquis ou annexés malgré eux... Nous savons tous comment elle fut mise à deux doigts de sa perte par l'insurrection hongroise, en 1848; nous savons qu'elle dut, pour la réprimer, avoir recours à la Russie, en 1849. Nous savons aussi qu'à la même époque il s'en est fallu de bien peu que l'Italie ne lui échappât. Dix ans plus tard, en 1859, elle perdit les plus beaux fleurons de sa couronne : le Milanais, la Toscane, les Duchés... Elle offre, quant à son administration intérieure, un singulier mélange de rigueur et de bonté, de violence et de douceur, d'arbitraire et de légalité, de libéralisme et de compression; nulle part on ne sent la main ferme et puissante qui régit avec ce calme, avec cette uniformité, avec cette confiance en soi-même et dans le pays, qui font la force d'un gouvernement. En son particulier, l'empereur actuel, François-Joseph, serait animé de sentiments bienveillants, si son entourage ne s'obstinait à le pousser dans une voie qui conduit aux abîmes..... *Quos vult perdere, Deus dementat!* ... S'il fallait s'en rapporter uniquement aux apparences, l'Autriche serait une puissance continentale formidable. Elle peut, en cas de guerre, porter son armée de 650 à 700 mille hommes. Son contingent fédéral s'élève à 172 mille hommes.

Le roi de Bavière, Maximilien-Joseph, marchant sur les traces de Louis XVIII qui venait d'octroyer la Charte, institua, le 26 mai 1818, un gouvernement représentatif constitutionnel. Deux chambres se partagent le pouvoir législatif et votent l'impôt... Le royaume, dont la population s'élève à près de 4,500,000 habitants, est divisé en huit cercles. Les chefs-lieux ou villes principales sont : Munich, capitale du royaume; Passau, Ratisbonne, Bayreuth, Wurtzbourg, Anspach, Augsbourg et Spire. Le contingent de la Bavière se monte à 45,000 hommes, approximativement.

Le roi de Wurtemberg imita l'exemple du roi de Bavière, en donnant à ses États un gouvernement constitutionnel. Le Wurtemberg se divise en quatre cercles dont les chefs-lieux sont : Ulm, Friedrichs, Hafen et Tubingue. Stuttgart est la capitale du royaume. Le contingent fédéral de cette Puissance s'élève à 18,000 hommes, et sa population totale se monte à 2,000,000 d'habitants environ.

Après 1815, le roi de Saxe, Frédéric-Auguste, s'occupa de réparer les pertes que les événements politiques avaient fait subir au pays. Il emporta, en mourant, les regrets de ses sujets (1827). Son successeur, le roi Antoine, ne marcha nullement sur ses traces. En 1831 (4 septembre), une révolte l'obligea de donner une constitution à son peuple. Le prince Frédéric-Auguste II, son neveu, lui succéda en 1836... La Saxe est un des pays de l'Allemagne où l'industrie a le plus de développement, favorisée en cela par la richesse du sol autant que par la culture de l'intelligence. Elle se divise en quatre cercles, dont les villes principales sont : Bautzen, Zwickau, Leipzig et Dresde, capitale du royaume. Sa population atteint près de 2,000,000 d'habitants. Son contingent fédéral se monte à 22,000 hommes.

Le Hanovre fut érigé en royaume par les traités de 1815, en faveur de la maison de Brunswik-Lunebourg, qui est en possession de la couronne d'Angleterre. Le duc de Cambridge, fils de Georges III, roi d'Angleterre, gouverna le pays en qualité de gouverneur général, de 1816 à 1831; et, comme vice-roi, de 1831 à 1837. A cette dernière époque, la reine Victoria monta sur le trône d'Angleterre.

Le Hanovre, étant un fief masculin, passa aux mains du prince Ernest-Auguste, duc de Cumberland, qui prit le titre de roi et institua un gouvernement constitutionnel...

Ce royaume se compose de plusieurs annexes : les principautés de Lunebourg, Kalenberg, Hildesheim et Osnabrück; de diverses fractions des comtés de Hoya, de Diepholz, de Lingen et de Bentheim; des cercles de Meppen et d'Emsburhen; de la Frise orientale, du pays de Harling, d'une portion de l'ancien duché de Brême, du capitanat de Clausthal, et de quelques enclaves de peu d'importance. Les villes principales du Hanovre sont : Hanovre, capitale du royaume; Hildesheim, Lunebourg, Stade, Osnabrück et Aurich, chefs-lieux de préfectures. La population se monte à 1,900,000 âmes. Le contingent fédéral est de 20,000 hommes.

Frédéric-Guillaume III, roi de Prusse, peu jaloux de tenir les promesses libérales qu'il avait faites en 1815, continua de s'appuyer sur les errements de la monarchie absolue. Frédéric-Guillaume IV, son fils, lui succéda en 1840. Ce souverain donna au pays, en 1848, un commencement de représentation nationale. Par suite du soulèvement de 1849, la Prusse obtint une constitution, le 6 février 1850... Ce royaume se divise en huit provinces, subdivisées elles-mêmes en vingt-cinq régences, dont voici les

G. Garibaldi

villes principales : Berlin, capitale; Kœnigsberg, Dantzig, Posen, Potsdam, Francfort, Stettin, Stralsund, Breslaw, Erfurth, Magdebourg, Munster, Dusseldorf, Cologne, Aix-la-Chapelle, Coblentz, Trèves, Hall, Bonn, etc. Aujourd'hui, la Prusse a près de vingt millions d'habitants. Elle fournit environ cent mille hommes à la Confédération.

Nul de nos lecteurs n'ignore comment ce Royaume est parvenu à figurer parmi les premières Puissances de l'Europe... La maison régnante, appartient à la branche cadette des Hohenzollern. Partie de l'Électorat de Brandebourg, vers 1640, elle n'a cessé d'avoir des souverains habiles, guerriers et diplomates, qui se sont appliqués avec le même zèle, et presque toujours avec bonheur, à étendre leurs domaines... La nation prussienne est pleine de séve et d'ardeur; son administration civile l'emporte sur celle du reste de l'Allemagne; son organisation militaire passe pour être excellente, secondée par le tempérament robuste des habitants, leur caractère belliqueux et un goût prononcé pour la carrière des armes.... Le souverain actuel a pris depuis quelques années pour ministre, sans doute avec intention, un personnage audacieux et entreprenant, qui veut la suprématie de la Prusse sur l'Allemagne, au détriment de l'Autriche. M. de Bismark, malgré l'opposition constitutionnelle qu'il rencontre, ne prend guère la peine de dissimuler ses projets. Il vient de dissoudre la chambre des Représentants. Tout nous porte à croire qu'il ne s'arrêtera pas en chemin; d'ailleurs l'appui du peuple, ou du moins le concours de la portion la plus remuante, semble lui être acquis. Les vues de ce ministre se bornent-elles à suivre la politique traditionnelle de la cour de Berlin, ou bien auraient-elles pour objet de reconstituer l'unité allemande sur de nouvelles bases? Telle est la question pendante... *La roche Tarpéienne est bien près du Capitole,* qu'il y prenne garde! Quoi qu'il en soit, ce personnage inspire une certaine sympathie aux imaginations ardentes. L'adage : *Audaces Fortuna juvat,* s'applique également aux masses. Or, si M. de Bismark est téméraire, il a déjà eu pour lui trois chances favorables : c'est-à-dire gagner la confiance du roi, se faire aimer des étudiants, et avoir su payer d'énergie, de présence d'esprit, dans une circonstance récente où il y allait de sa vie....

Comme nous ne voyons pas la nécessité, en ce moment, de nous occuper des États secondaires qui font partie du Corps germanique, nous nous bornerons à dire que leur contingent fédéral s'élève, collectivement, à une cinquantaine de mille hommes, au besoin.

Quant au Danemark et à la Hollande, nous n'en parlerons pas ici, pour les raisons suivantes : 1° La Hollande a trop à perdre ou trop à gagner dans une affaire qui, en apparence, ne la regarde nullement, pour prendre un parti à la légère. Elle se tient sur le qui vive, elle observe jusqu'à présent une stricte neutralité, sauf à se prononcer lorsqu'il y aura quelque avantage à le faire sans coup férir. Lorsque les événements se seront dessinés, son appoint aura une certaine importance... 2° Le Danemark, expulsé récemment de la Confédération germanique par l'injuste agression de la Prusse et de l'Autriche, n'a plus le droit de parler. Par contre, il se pourrait fort bien qu'à un instant voulu cette Puissance eût le droit et la faculté d'agir.

IV.

Il règne actuellement en Allemagne un malaise général; l'irritation est à son comble; nous serions bien trompé si la guerre ne se prolongeait pas.

Les tendances vers la liberté, le désir de posséder les franchises reconnues indispensables, aujourd'hui, pour que les peuples puissent exercer leurs droits en toute sécurité, se manifestent hautement parmi la grande majorité de la nation allemande. Le Corps universitaire, les étudiants, la *Jeune Allemagne*, en un mot tout ce qui a de l'avenir et des espérances devant soi est prêt à participer au mouvement. Que feront les Puissances? Comment arrêteront-elles cet élan?

Plus que jamais, le besoin des fortes et grandes nationalités se fait sentir, car nulle entreprise féconde, nulle mesure fructueuse ne saurait se produire sans de larges moyens d'action. Or l'Allemagne est divisée en une multitude d'États qui se contrecarrent à tout bout de champ, qui se taquinent sans rime ni raison, et qui se plaisent à paralyser, chez leurs voisins, les entreprises offrant de la grandeur ou de l'initiative.

Plus que jamais, il importe de protéger l'industrie et le commerce. Eh bien, malgré l'association douanière du Zollverein, le pays est couvert de barrières... A chaque pas, ce sont des entraves de toute sorte, des formalités à n'en plus finir, des nuées de fonctionnaires qui font du zèle exagéré, alors que le libre-échange est impérieusement réclamé partout... Vous proposez-vous d'adresser, du Nord au Midi, un envoi de marchandises : les voies de communication, assez bien entretenues sur un point, seront en mauvais état sur un autre; ailleurs, elles seront interrompues; vous serez tenu d'avoir affaire à différentes compagnies de transport qui se rejetteront de l'une à l'autre ou les retards, ou les déchets, ou les pertes; et puis ce seront des transbordements renouvelés chaque jour, des visites fréquentes, des ouvertures de colis infiniment préjudiciables; sans parler, soit des faux frais, soit des droits à acquitter, soit d'une perte de temps énorme... Auriez-vous l'intention de vous faire expédier, à l'Est, des articles en provenance de l'Ouest : ici, la navigation fluviale pourra s'accomplir sans encombre; là-bas, le chenal sera mal balisé, les grèves l'auront envahi, ou bien les talus seront défoncés, ou bien, qui sait encore ?......... D'autre part, n'est-ce pas une véritable plaie que cette légion de chambellans, de chanceliers, de conseillers auliques, de policiers, de sinécuristes chamarrés de cordons ou de croix? N'est-il pas honteux de voir maintenir à la noblesse des priviléges abusifs qui auraient dû être supprimés depuis longtemps? Un peu plus de sens commun, et moins de sotte vanité, s'il vous plaît ! Mais gageons que la Prusse, l'Autriche, la Confédération germanique et l'Italie ont mis au moins deux millions d'hommes sous les armes... Pourquoi donc enlever tant de bras à l'agriculture, aux fabriques, aux usines, aux manufactures, à la canalisation des rivières, à l'entretien des chemins de fer? Où prendrez-vous de l'argent pour payer ces canons, ces fusils, ces baïonnettes, ces boulets, cette mitraille et les hommes que vous allez faire tuer? Ne détournerez-vous pas du travail des champs ces chevaux que vous consacrerez au service de la cavalerie légère, au service des ambulances, du campement, des vivres et fourrages, et au transport du matériel de guerre?... Déchirez au plus vite la pancarte de la Confédération germanique, balayez-nous ces roitelets qui pompent la sueur des travailleurs, et édifiez-nous une grande, une forte nationalité allemande!... Ah! vous prétendez vous battre, dites-vous; il n'y a pas moyen de s'entendre autrement! Soit, battez-vous, une bonne fois; et puis, lorsque ce sera fini, arrangez-vous de manière à être d'accord désormais, afin de ne plus vous chercher des *querelles d'Allemand*... Les peuples, au surplus, sont parfaitement de cet avis; ils ont hâte d'en finir; mais ils ont à compter avec leurs monarques, lesquels ne tiennent guère compte, à ce qu'il paraîtrait, des aspirations ou des besoins de leurs sujets, tant qu'ils n'y sont pas contraints *vi et armis*.

Cependant les souverains eux-mêmes sont divisés en deux camps. Les uns se rangent du côté de l'Autriche, —et, comme ce sont les plus nombreux, ils ont pour eux les gros bataillons; — les autres, n'en pouvant mais, suivent le parti de la Prusse, de peur qu'elle ne leur pousse la baïonnette dans les reins.

La Prusse est donc pour le mouvement national? nous demandera-t-on. S'il en est ainsi, pourquoi le gouvernement prussien traite-t-il si cavalièrement les délégués du pays? pourquoi témoigne-t-il si peu d'égards pour le régime parlementaire?...

Mon Dieu! la réponse est fort simple. L'œuf, pour éclore, demande l'incubation. Certaines questions, en politique, ne peuvent se résoudre qu'à l'aide du temps, ou ne peuvent se trancher que par l'épée: telle est leur incubation. Le temps marche sans cesse; l'épée, il faut la fourbir, il faut apprendre à la manier.... Croyez-le bien : tant que les abus ne seront pas extirpés, tant qu'il subsistera des vestiges de l'ancien régime, les peuples et les nationalités auront à s'affirmer par l'épée... Elle est sainte, elle est bénie de Dieu, l'épée qui fonde les empires!!!

CHAPITRE III.

COUP D'ŒIL RÉTROSPECTIF SUR LE MOUVEMENT DES IDÉES, EN ITALIE, DEPUIS L'ÈRE MODERNE.

I.

Il serait excessivement intéressant d'embrasser d'un regard attentif l'espace parcouru par l'Italie depuis la fin du moyen âge, depuis la Renaissance jusqu'à nos jours, et d'examiner si la nation italienne, en admettant qu'elle sût profiter des circonstances que la succession des événements et la force des choses ne manqueront pas de faire naître, aurait quelque chance de revenir à son antique splendeur. Il n'est guère de sujet plus riche, plus varié, plus instructif, plus majestueux. Mais nous serions entraîné fréquemment à passer d'une matière à une autre; nous ne pourrions reproduire nos réflexions dans l'ordre où elles se présenteraient, nous ne pourrions même les esquisser à grands traits sans être obligé de les coordonner entre elles préalablement, ce qui nécessiterait des longueurs et toute une série de développements en opposition avec l'intérêt du drame auquel le lecteur assistera sous peu. Par ces motifs, nous nous bornerons à présenter les considérations les plus essentielles sur le passé de l'Italie, en nous reportant à une époque moins reculée.

L'économie politique, envisagée tout à la fois comme donnée spéculative et comme œuvre de réalisation, sortait à peine de l'enfance. Trop d'abus, trop d'erreurs, trop de préjugés, cachaient aux yeux du libre penseur la marche de l'esprit humain vers le progrès, pour que l'on pût résoudre déjà le problème. La grande loi du travail, cette pierre angulaire de l'édifice social, n'était pas encore posée; en outre, ce principe d'une importance hors ligne, à savoir que, l'essence de la nature humaine étant la *perfectibilité*, la société est susceptible de tendre sans cesse vers la perfection, mais qu'elle ne saurait espérer d'y atteindre jamais; ce principe, disons-nous, n'avait pas encore reçu sa consécration de l'expérience et de l'observation.

D'un autre côté, l'Italie, épuisée par ses luttes, par ses désastres d'autrefois, se trouvait divisée en une foule de petits États dont les chefs, toujours prêts à ravager leurs propres domaines, toujours disposés à guerroyer entre eux pour s'arracher quelque lambeau de territoire, supportaient impatiemment cette sorte de suprématie, moitié spirituelle, moitié temporelle, que le Saint-Siége s'était arrogée sur eux, grâce aux foudres du Vatican, grâce aux bandes de pillards enrôlés sous la bannière des successeurs des apôtres.

L'Italie ne pouvait être libre, heureuse et puissante; elle ne pouvait remonter au rang dont une longue suite d'invasions l'avait fait décheoir, avant qu'elle n'eût recouvré son unité, son autonomie, son indépendance; avant d'être redevenue une nation, avant d'avoir reconquis sa capitale, Rome, la ville immortelle !... Avouons-le néanmoins, on n'entrevoyait alors aucun acheminement possible vers cette solution. La Papauté, avec ses ramifications souterraines, avec ses influences de dogmes, de doctrines, de pratiques religieuses, d'éducation civile et morale, d'institutions hiérarchiques admises et consacrées par la plupart des gouvernements de l'Europe; la Papauté se dressait devant le peuple italien comme une pierre d'achoppement contre laquelle venaient échouer tous les plans de réforme, toutes les conceptions patriotiques.

En résumé, comme le *libre arbitre* et la *tolérance* en matière de religion se trouvaient encore à l'état d'utopie; comme l'*opinion publique* et le *suffrage universel* n'avaient pas encore eu l'occasion de s'affirmer en matière politique : rien n'indiquait, dans l'ordre des idées morales et religieuses, la route à suivre entre l'incrédulité qui pervertit, entre le fanatisme qui aveugle, entre l'indifférence qui énerve, et la foi qui élève l'âme; rien ne laissait entrevoir, dans l'ordre social, la donnée modératrice en vertu de laquelle la société parviendrait à se préserver du despotisme et de l'anarchie; enfin, dans l'ordre des aspirations patriotiques, rien ne laissait présager par quels moyens l'Italie en arriverait à se débarrasser de la chaîne et du boulet qu'elle traînait au pied depuis tant de siècles : l'influence étrangère unie à la papauté !

II.

Le temps avait marché, fauchant à l'aventure les choses, les hommes, les idées, les principes, et menant après lui cet esprit révolutionnaire dont l'essence est de convier les peuples à la grande fraternité humaine, élément fécond, appelé à procréer la solidarité universelle, c'est-à-dire l'union des peuples et l'avénement de la liberté par la loi, la justice, l'ordre, l'autorité.

Durant la période du moyen âge qui vit se scinder tant de peuples, — époque de triste anarchie où se développèrent les germes de profondes souffrances physiques et d'une honteuse dégradation morale, — la force, la violence triomphaient... Les nationalités n'ayant aucune base solide, les intérêts communs n'étant nullement groupés en faisceau, les ressorts sociaux ne fonctionnaient qu'avec peine, distendus ou privés qu'ils étaient de cette affinité puissante qui est seule capable d'engendrer le progrès, la civilisation, la diffusion des lumières. Enfin, comme nulle règle ne protégeait le faible contre le fort, n'abritait le droit contre le pouvoir, ne sauvegardait l'autorité contre la révolte, contre les tentatives anarchiques, les peuples, devenus l'apanage d'un petit nombre de familles, leur furent inféodés ainsi qu'à leur descendance, le plus souvent au hasard, sans aucun titre méritoire.

Cependant les courageux efforts des libres penseurs, les évolutions successives de l'esprit humain, le développement normal et progressif de l'intelligence dans la voie du rationalisme, avaient fini par motiver des réformes nombreuses dans tout ce qui se rattache au domaine de l'homme.

Par une loi fatale, rien de beau, de grand, de noble, ne saurait se produire ici-bas qu'au prix de grandes douleurs et de grands sacrifices. L'humanité avait donc beaucoup souffert; mais elle avait progressé... Elle avait éprouvé bien des tiraillements, essuyé bien des secousses, versé des ruisseaux de sang, répandu des torrents de larmes; pourtant elle était sortie régénérée de ces déplorables conflits, et les profondes blessures qu'elle avait reçues pendant ce long cataclysme s'étaient cicatrisées peu à peu sous la bienfaisante impulsion des tendances nouvelles.

Alors il s'éleva, à l'occident de l'Europe, deux nations qui prirent le pas sur les autres. Elles eurent l'insigne courage de faire des expérimentations sur elles-mêmes pour sortir de l'ornière; de porter le scalpel sur les institutions décrépites, afin de répudier tout système rétrograde ou d'immobilité; de préconiser le mouvement, pour appeler à l'indépendance les nationalités courbées sous le joug; de leur tendre la main, afin qu'elles vinssent à reconstituer leur unité... Dans cette voie, et malgré leur rivalité, chacune d'elles avait grandi, chacune d'elles avait prospéré, de sorte qu'au moment où, par la logique même des faits, l'action distincte qu'elles exerçaient l'une et l'autre vint à se confondre en une résultante unique, tout aussitôt une force irrésistible poussa le reste de l'Europe au-devant du progrès.

Ce sera une gloire impérissable pour l'Angleterre d'avoir su discerner, à l'origine, combien il est avantageux d'envisager la vie, le mouvement du corps social sous ses divers aspects, d'étudier toutes ses fonctions, d'entretenir également tous ses organes, et d'avoir su discerner combien la liaison qui existe entre les différentes parties de cette œuvre primordiale est intime... Elle comprit que l'essor purement moral est insuffisant; que, l'âme et le cœur une fois satisfaits, il convient de donner certaine satisfaction aux besoins matériels; qu'il est des appétences personnelles, — par exemple : l'individualisme et la libre concurrence, — dont nous pourrions tirer parti au point de vue de cet élan général qui est si nécessaire à un grand peuple pour accomplir de grandes choses; que, la production et la consommation étant seules capables d'entretenir la vie, la circulation, le bien-être au sein d'une nation, il incombe au gouvernement de protéger l'industrie et le commerce; que l'association des idées et des capitaux, dans les conditions de garantie exigibles, est de nature à utiliser toutes les forces vives d'un pays; enfin, que les institutions de crédit, notamment la création des banques, des compagnies et des valeurs fiduciaires, étaient susceptibles de décupler la richesse d'un pays, de consolider sa puissance, d'assurer ses libertés, et qu'il est du devoir de chaque citoyen d'un État de contribuer à l'accroissement de la fortune publique dans les limites de sa propre fortune... Ce fut là le patriotisme de l'Angleterre; c'est ainsi qu'elle a fondé son empire des Indes; c'est comme cela qu'elle a prédominé en Europe, par ses capitaux, par ses flottes, par sa politique!....

La France, à son tour, s'était mise en scène.

Son rôle était tout tracé. Ce rôle fut ce qu'il devait être : non la contre-partie, mais le complément de celui de l'Angleterre, tant il est vrai que les éléments les plus dissemblables en apparence concourent fréquemment au même résultat, bien qu'ils n'aient pas l'air de tendre au même but.

Non moins utile, non moins positif, le rôle de la France fut bien autrement brillant, bien autrement désintéressé, généreux et chevaleresque.

Se regardant comme l'âme du monde parce que sa mission originelle est toute de progrès, de civilisation, de dévouement, la France voulait l'alliance universelle des peuples, et que le droit, l'ordre, l'harmonie, régnassent parmi eux. Hostile à tous les tortionnaires, ennemie jurée de tous les oppresseurs, elle se déclarait l'amie des nationalités chancelantes, leur prêtait son appui dans l'infortune, les aidait à s'affranchir, acclamait avec transport leur jeune drapeau; puis, à l'heure décisive, se jetait dans la mêlée avec une ardeur sans égale, mettait son influence à leur service ainsi que son épée, ses ressources, le courage de ses soldats, l'habileté de ses administrateurs, le génie de ses généraux; ou bien elle s'en allait à des milliers de lieues, jusque sur un autre hémisphère, prodiguer à la cause de l'*Indépendance* en détresse ses vaisseaux, ses flottes, ses trésors, et, ce qui est plus précieux encore, le sang de ses nobles enfants!... Oui! ce sera toujours et à jamais pour la France un sujet d'orgueil sans pareil, d'avoir convié les peuples à la confraternité sociale, de n'avoir reculé devant aucun sacrifice, quelque coûteux, quelque pénible qu'il fût, pour réaliser cette idée sublime....

A l'origine de la monarchie française, l'empereur Charlemagne entreprit de fondre entre elles les races franques ainsi que leurs congénères, premier exemple de l'organisation d'une forte nationalité en Europe après celui que l'Italie avait donné par la fusion des races latines. Ses successeurs se montrèrent inhabiles à poursuivre une si vaste entreprise; mais, à quelque temps d'intervalle, la Providence devait y pourvoir...

On retrouve dans les Capitulaires des traces d'une conception qui mit plusieurs siècles à passer de l'ordre des idées dans l'ordre des faits, de la théorie à la pratique : nous voulons parler de la *Représentation nationale*, principe qui implique virtuellement, *ipso facto*, celui de la *Souveraineté populaire*, et dont les Assemblées du Champ de Mai furent pour ainsi dire l'expression, car les leudes, les barons, les évêques, les grands feudataires de la couronne y représentaient les hommes libres, le vrai peuple, la nation... On trouve aussi dans les instructions qu'il adressait à ses délégués, — sorte de ministres plénipotentiaires ou préfets : *Missi Dominici*, — les premiers essais du Droit des Gens, si bien définis depuis par Grotius, Puffendorf et Pothier... Les chartes de nos anciens rois reconnurent certaines franchises communales, certaines prérogatives municipales, même avant que la ligue dite des *Villes Libres* se fût formée au nord de l'Italie.... Louis le Gros affranchit les Communes.... Philippe le Bel coupa court aux empiétements du Saint-Siége, par la destruction de l'ordre des Templiers... Déjà saint Louis, malgré sa piété ou peut-être à cause de sa piété sincère, avait posé des limites aux prétentions des papes en fondant les libertés de cette Église gallicane dont Pascal, Bossuet, Fleury, Dupin et Montlosier devaient être les champions... Henri IV aurait désiré que le peuple eût sa part du bien-être général; il conçut le plan d'une *Fédération européenne*, mais il tomba sous le poignard d'un fanatique.... Richelieu, Mazarin, Louis XIV, continuent la politique de Louis XI : ils étendent la France et portent les derniers coups à la féodalité... Colbert imite Sully et enrichit la nation... Les parlements, bon gré mal gré nos rois, érigent en principe le droit de remontrances... Les États provinciaux s'emparent de la discussion de l'impôt... Montesquieu formule l'Esprit des lois... Rousseau pose les bases du Contrat social... Diderot, d'Alembert, Helvétius, Voltaire, toute une pléiade de philosophes, ramènent la société dans la voie du bon sens, que le satirique Rabelais, le grave Montaigne, le tendre La Boétie, lui avaient inutilement tracée... Les trois ordres, en composant leurs *cahiers*, mettent à nu les plaies sociales et expriment des vœux au sujet des réformes dont le besoin se faisait vivement sentir... Tout annonce, tout indique une commotion prochaine, imminente, terrible!...

Alors éclata 89, ce coup de foudre qui devait incendier et éclairer le monde; qui devait, de sa voix formidable, évoquer de leur tombeau séculaire les nationalités vaincues, mais non pas expirées, et dont le retentissement aura lieu d'âge en âge jusqu'aux générations les plus reculées.... L'Éternel publia jadis la loi des Douze Tables, sur le mont Sinaï, au milieu des éclairs et au bruit du tonnerre; de même, ce fut du sein de la tourmente révolutionnaire et des flancs de la Montagne que sortirent *les Droits de l'homme!*

L'épopée sanglante de 89 et de 93, nonobstant ses erreurs fatales, ses rigueurs regrettables, ses exagérations déplorables, restera comme une des pages les plus sublimes de l'histoire. Elle apprit à l'univers, — ses détracteurs ne sauraient le nier, — ce que doit faire et ce dont est capable une nation valeureuse, quand son indépendance est menacée, quand ses frontières sont assaillies, quand le sol est violé, quand cette patrie morale qui flotte avec le pavillon ou qui brille sur les plis du drapeau, est attaquée, est insultée.... Elle consacra d'une manière définitive le principe de la souveraineté du peuple, celui de la représentation nationale, celui des débats publics sur les affaires de l'Etat, et ouvrit ainsi la porte à la vraie république, c'est-à-dire le régime de la monarchie constitutionnelle, parlementaire et représentative.... Elle opéra la fusion des trois ordres en un seul : le peuple... Elle abolit tous les privilèges, et il n'y eut plus que des citoyens... Elle agrandit le domaine de la pensée; elle créa une nouvelle puissance au moyen de la presse, et fonda l'*Opinion publique*.... Enfin, n'aurait-elle eu d'autre effet que de doter la France de son admirable organisation administrative; de la rendre compacte, homogène, à tel point qu'elle n'a pu être divisée, ni partagée, ni morcelée, même après deux désastres, même après deux invasions; n'aurait-elle atteint d'autre résultat que d'avoir dirigé toutes les ressources de l'intelligence vers la recherche de l'inconnu en politique, en économie sociale, dans les arts, les sciences, les lettres, l'industrie, et surtout d'avoir appliqué la physique ainsi que la chimie aux besoins de l'agriculture, de l'économie domestique, de l'hygiène publique, de la navigation, de la locomotion, de la mécanique productive, de l'industrie manufacturière; cela seul, disons-nous, suffirait à l'absoudre, à la justifier, bien mieux à la glorifier aux yeux de la postérité!...

Chaque époque fournit ses hommes, et dans les temps d'effervescence populaire le Destin tourne rapidement les feuillets de son incroyable livre.... Après 89, 93!.... Après 93, le Directoire.... Après le Directoire, le Consulat.... Après le Consulat, l'Empire.... On avait eu successivement Lafayette, Mirabeau, Marat, Danton, Robespierre, Barras, Bonaparte; enfin Napoléon paraît!...

N'est-ce pas la fatalité qui poussa cet incomparable génie à renier un instant la révolution dont il était issu, à méconnaître le principe qui l'avait élevé sur le pavois?... Général, ses campagnes furent admirables, ses combats et ses batailles tenaient du prodige, il fit le soldat de fer, il fatigua les trompettes de la Renommée, il ravit ses ailes à la Victoire, il stupéfia l'univers!... Penseur, administrateur, organisateur, homme de jurisprudence, de législation, d'économie intérieure : ses travaux sont immortels, le Code est un monument impérissable!... Hélas! ce fut après les Cent-Jours, ce fut seulement à Sainte-Hélène qu'il reconnut que la Liberté n'est pas une idéologie, une chimère; que l'opinion publique est une puissance avec laquelle on est tenu de compter, et qu'il est un moteur dont il avait eu le tort de ne pas assez se préoccuper : la Révolution, le mouvement des idées, la transformation nécessaire en tout.... Au lieu de promener ses aigles triomphantes à travers l'Europe ébahie, au lieu d'asseoir tous les membres de sa famille sur des trônes branlants, au lieu de poursuivre à outrance un insaisissable fantôme de gloire, s'il lui eût pris fantaisie de lacérer du talon de sa botte le pacte inique qui avait démembré la Pologne; s'il avait concentré ses efforts pour rappeler à la vie des nations la Hongrie subjuguée; s'il eût dit un mot, s'il eût fait un signe pour ordonner la résurrection de l'Italie, on ne l'eût pas laissé choir après Waterloo..... La Pologne, la Hongrie, l'Italie, se seraient montrées alliées fidèles; la France, elle-même, eût décrété spontanément une levée en masse, comme en 93.... Alors on eût entendu d'un bout du monde à l'autre les battements de son cœur, les aspirations de son âme, les élancements de sa poitrine, les mugissements de sa parole, ses audacieux appels, ses sublimes défis, et nous serions encore émerveillés des grandes choses qu'elle avait conçues, des grandes choses qu'elle aurait exécutées, des grandes choses qu'un héritier du nom de Napoléon est chargé d'accomplir aujourd'hui!....

. . . .

Emporté par la rapidité des événements qui viennent de défiler sous nos yeux, subjugué par cette fantasmagorie émouvante et dramatique, il ne nous était guère possible d'arrêter notre esprit sur les améliorations de toute nature qui se produisirent durant cette période au sein de la société et auxquelles l'Italie elle-même avait participé de loin ou de près, malgré sa position précaire. Si nous reportons un instant nos regards sur les réformes sociales réalisées successivement, notre admiration égalera notre surprise. Que de phénomènes dont personne n'avait la plus simple notion! Que de merveilles dont le nom était ignoré, parce que ce nom n'existait pas encore!

Les théories, les utopies, longtemps reléguées parmi les conceptions absurdes, commencèrent à être accueillies avec une certaine faveur. On n'en faisait plus des risées; on les examinait, on les étudiait, on les discutait; celles qui résistaient au criterium de l'expérimentation poursuivaient tout doucement leur chemin... La guerre, — le plus exécrable fléau du genre humain ! — avait perdu son prestige; elle n'inspirait plus que de l'horreur quand elle n'était pas motivée par une légitime défense ou par de justes susceptibilités; on la considérait comme un sacrilége, lorsqu'elle n'était pas une chose sainte. D'ailleurs, les engins de destruction étaient devenus si terribles, ils avaient acquis une puissance tellement effroyable, qu'on avait dû songer sérieusement à trouver le moyen de les rendre inutiles.... La politique de compression avait été jugée et condamnée : un peuple heureux tient aux constitutions qui font son bonheur... Les mesures consistant à pressurer les provinces conquises ou annexées avaient été abandonnées par les États bien inspirés, par ceux qui avaient reconnu que le malheur d'un pays se propage de proche en proche et finit par retomber sur son auteur... Les peuples se rapprochaient, se donnaient la main; des liens nouveaux s'établissaient entre eux; les préjugés d'autrefois s'effaçaient insensiblement; les haines, les jalousies, les rivalités, s'éteignaient peu à peu; une noble émulation se substituait, en partie, aux sentiments mauvais; enfin LA PAIX UNIVERSELLE, vivement attendue, vivement désirée, fut envisagée comme le but définitif vers lequel devaient tendre le progrès, la civilisation et le mouvement ascensionnel des idées....

La société fut redevable de ces excellents résultats à une série de découvertes opérées dans le domaine de la science et dont la mécanique, l'industrie, les arts, le commerce, l'agriculture, s'emparèrent dès que la loi du *Travail* fut proclamée... Les usines, les fabriques, les manufactures, en adjoignant de puissantes machines aux forces trop restreintes de l'homme, centuplèrent leurs produits.... Tous les éléments furent domptés par l'intelligence; l'eau, le feu, l'électricité, la vapeur, devinrent des auxiliaires. On en vint à franchir les distances avec une incroyable rapidité, à transporter des quantités énormes de marchandises par-delà les monts en pénétrant dans les entrailles de la terre, à parcourir les mers contre vents et marée, à se rendre d'un pôle à l'autre sur des vaisseaux mus par des machines uniformes, régulières, infatigables et toujours soumises.... L'air se prêta aux plus téméraires entreprises et permit de s'élever au sein des nuages... Jadis la foudre était l'attribut du maître des dieux; à ce moment le tonnerre se fit l'esclave de l'homme, qui l'emprisonnait ou le déchaînait à son gré... Enfin la pensée put se transmettre instantanément aux points les plus éloignés du globe, et les deux hémisphères furent reliés entre eux par des fils métalliques qui plongeaient jusqu'aux dernières profondeurs des gouffres sous-marins !

La terre, à son tour, ouvrit ses flancs aux investigations de la science. Des substances nouvelles s'offrirent aux besoins ou aux plaisirs de l'homme; des métaux, des réactifs, des produits sans nombre se mirent à son service à l'effet d'alimenter l'économie domestique. L'agriculture, s'appropriant ces données, appliqua les machines au défrichement des terrains incultes et au battage des grains; elle créa d'autres engrais; elle poursuivit avec ardeur la destruction des maladies épizootiques, le croisement et l'amélioration des races chez les animaux domestiques, le reboisement des terrains nus ou rocheux, l'amendement des terres incultes, l'acclimatation des plantes exotiques, l'irrigation du sol aride ou stérile; puis, le cas échéant, elle substitua la culture artificielle, le drainage, ainsi qu'une foule d'autres inventions utiles, aux procédés insuffisants de la routine et de l'ignorance.

Devant cette impulsion vivifiante, tout s'anima, tout s'ennoblit : le cœur s'échauffa, l'esprit s'élargit, et la pensée humaine, affranchie désormais de ses entraves, ne connut plus de limites... La richesse publique s'accrut, grâce au travail, au commerce, à l'industrie, au développement de la navigation, à l'exploitation des mines, à l'établissement des fabriques, des manufactures, des chemins de fer, des lignes transatlantiques, des télégraphes, etc... Le crédit, cet immense réservoir d'éléments inappréciés jusqu'alors, ouvrit ses sources fécondes, déversa dans la circulation une foule de valeurs qui se multiplièrent à l'infini par l'appui mutuel qu'elles se prêtent; après quoi, reproduisant sous des formes variées ses larges moyens d'action, il facilita l'exécution des plus vastes travaux, la réalisation des entreprises les plus hardies. Tout devint de son ressort : la paix, la guerre, les beaux-arts, les finances, le transport des marchandises, la construction des canaux, la fondation des villes, l'ouverture des ports, l'érection des monuments publics, l'assurance contre les risques de terre et de mer, contre l'incendie, contre les orages du ciel, contre les revers de fortune, contre la mort elle-même !... Grâce aux bienfaits de l'Association, les échanges, les rapports internationaux, les relations de toute nature et de peuple à peuple prirent une extension inouïe; des approvisionnements bien compris mirent obstacle au retour périodique de ces famines qui décimaient jadis l'humanité; les langues étrangères se répandirent, les aspérités du caractère national s'émoussèrent, les différences de race et d'origine disparurent, les notabilités de tous les pays se réunirent en Congrès, et on consacra à l'Industrie des palais splendides où vinrent se ranger les produits de l'univers entier. Oh ! le noble tournoi ! le seul empreint du véritable cachet de l'époque, le seul où il devrait être permis désormais aux nations de lutter entre elles !...

Aux divers points de vue de la morale, de la religion, de l'organisation intérieure des États, le progrès ne fut pas moins manifeste, moins fructueux.

Les usages s'étaient modifiés, les mœurs s'étaient

adoucies, les formes vexatoires répugnaient généralement; la loi se dépouilla de son caractère cruel, la procédure criminelle n'admit plus de tortures et de barbaries; la police s'épura, la somme des libertés individuelles s'augmenta, la somme des garanties politiques, de même; on ouvrit des cours sur toutes les branches des connaissances humaines; le flambeau de l'instruction répandit partout ses bienfaisantes clartés, l'Enseignement élémentaire put pénétrer sous le toit du pauvre; et, pour rendre les arts manuels, ainsi que diverses branches de l'industrie, également accessibles aux gens portés de bon vouloir, on supprima le *compagnonnage*, les *jurandes*, la *maîtrise*, on institua les *Conseils de Prud'hommes*; enfin on admit que les ouvriers pourraient discuter leurs droits sur un pied de parité complète avec les patrons et se coaliser eux-mêmes honnêtement.

La tolérance en matière religieuse ayant été proclamée, tous les cultes furent autorisés, toutes les croyances également honorées, également protégées; à peine si on reconnut une religion de l'État; la considération s'éloigna des prêtres fanatiques; il n'y eut qu'un seul Dieu, et on ne voulut plus d'autre distinction que celle du talent, du savoir, du mérite personnel.

La Charité privée, empruntant une foule de déguisements ingénieux, fournit des abris à l'enfance, à l'âge mûr, à la vieillesse. Elle ouvrit des crèches où on accueille les nourrissons des femmes indigentes; elle se constitua sous le patronage de gens recommandables, en *sociétés d'allaitement;* elle reçut aux *salles d'asile* ou aux *écoles gardiennes*, pour une rétribution fort minime, les petits enfants dont les parents sont empêchés par leurs travaux, leurs occupations ou la misère; en outre elle imagina des *sociétés d'apprentissage* pour les adultes des deux sexes...Les ouvriers de tous les corps de métiers, les travailleurs de toutes les professions, entraînés par cet exemple salutaire, s'associèrent entre eux afin de former, moyennant de modiques cotisations, un fonds social capable de subvenir à leurs besoins durant la morte saison ou aux jours de chômage et de maladie... De même, il se fonda, sur des bases analogues, des maisons de retraite pour les vieillards.

La Charité publique ne fit pas défaut à l'initiative des personnes bien intentionnées. Ce qui avait été conçu en petit par son émule la Charité privée, elle le mit en œuvre sur une vaste échelle... Le Gouvernement, après avoir institué les *pensions de retraite*, après avoir organisé les *caisses d'épargne*, après avoir créé les *invalides du travail*, réunit sous sa protection éclairée tous les établissements, toutes les institutions de bienfaisance. Il leur vint en aide, il leur accorda son appui, il mit à leur disposition le savoir des hommes spéciaux, et il eut l'heureuse idée, sans que cela fût susceptible de leur nuire en rien, de les coordonner, de les surveiller, de les réglementer, de les régir avec méthode, avec uniformité, afin d'empêcher qu'elles n'en vinssent à empiéter les unes sur les autres, à entretenir entre elles des rivalités pernicieuses, ou bien pour qu'elles ne s'éloignassent pas du but et de l'esprit qui avait présidé à leur fondation. Eh! qui sait si l'Assistance publique, en agissant de la sorte, n'aurait point, par hasard, aplani la voie en faveur de l'*Instruction obligatoire* et du *Droit au travail?*

Ainsi la lumière se faisait partout, et partout le beau était mis en relief; ainsi le bien-être matériel s'introduisait graduellement au sein des différentes classes d'une société ravivée, rajeunie par ces tendances laborieuses, bienveillantes et moralisatrices.

III.

A la vue de tous ces changements, l'Italie nageait dans l'ivresse; son patriotisme s'émut. A son tour, elle voulut participer à la régénération sociale qui envahissait l'Europe. S'armant d'une ardeur belliqueuse, elle descendit bravement dans l'arène. Voilà comment se réveilla chez elle le sentiment de son indépendance et de son autonomie; voilà comment elle fut conduite à figurer de nouveau parmi les nations.

Sans nous appesantir sur les détails secondaires, sur les faits que les événements postérieurs ont réduits à néant, ou bien sur ceux que l'histoire a définitivement enregistrés parmi ses fastes, nous nous bornerons à diriger nos regards sur le spectacle saisissant qui eut lieu après la guerre de 1859.

Au milieu d'une affluence innombrable de gens de toutes les conditions, accourus des extrémités de l'Italie, un char triomphal s'avance majestueusement en longeant la principale chaîne des Apennins.

On sème des fleurs sur son passage, on pousse des acclamations enthousiastes, la joie éclate, ce sont des transports d'allégresse qui tiennent vraiment du délire!...

Le char est occupé par trois personnages rangés de front.

Des fanfares guerrières, le son des cloches, le bruit du canon annoncent son approche aux populations électrisées.

La garde qui l'escorte se compose de milice nationale, de troupes régulières et d'un corps de volontaires. Tous, ils fraternisent entre eux et paraissent animés de cette exaltation belliqueuse qu'inspire la victoire obtenue en commun.

Le périple du char affecte la forme d'un baldaquin dont les supports sont masqués par des guirlandes de feuillage, des panoplies, des instruments aratoires et des emblèmes de l'industrie.

Le Feld-Zeugmeister Benedeck, commandant en chef de l'armée autrichienne du Nord.

Les floches, les tentures, les draperies, sont disposées de manière à faire ressortir des étendards aux armes et aux couleurs des diverses provinces d'Italie : le Piémont, la Sardaigne, la Sicile, le royaume de Naples, les États Romains, les Marches, les Légations, la Toscane, l'Émilie, les Duchés, la Lombardie vénitienne et le Milanais.

Deux statues colossales, représentant Rome et Venise, figurent sur les côtés du char. Chacune d'elles maintient une couronne de lauriers suspendue au-dessus du groupe, et ces deux couronnes semblent plus particulièrement destinées au personnage qui occupe la place d'honneur, celle du milieu.

L'écusson de la maison de Savoie, avec son diadème royal, le sceptre, la main de justice et l'épée du commandement, resplendissent au sommet du baldaquin en guise de couronnement.

Du faîte de l'édifice mobile descendent une multitude de banderoles qui flottent au souffle de la brise des Apennins.

Sur ces banderoles se liesnt les devises suivantes :

Hommage à la milice milanaise!

Hommage aux soldats italiens!

Gloire à l'armée piémontaise!

Gloire aux volontaires garibaldiens!

Amitié à la France, notre loyale et vaillante alliée!

Vive Venise, notre sœur!

Vive Rome, capitale de l'Italie!

Vive l'Italie, une et indivisible sous le sceptre du roi galant-homme!

Vive Cavour, l'illustre ministre de la jeune Italie!

Vive Garibaldi, le capitaine du peuple, libérateur de la Sicile et du royaume de Naples!

Vive le premier roi d'Italie, Victor-Emmanuel!...

. . . .

Expliquons, le plus succinctement possible, ce spectacle à nos lecteurs.

IV.

Au contact des généreuses aspirations qui devancèrent le mouvement de 89, les populations de la Péninsule italienne tentèrent de se mettre au niveau des idées du jour. Elles désiraient sortir de l'abaissement dans lequel le despotisme et l'invasion étrangère les avaient plongées; elles désiraient étonner de nouveau le monde en vertu des dons merveilleux que Dieu leur a si libéralement prodigués; mais l'heure de la délivrance n'était pas encore venue...

Lorsque la Révolution donna aux peuples le signal de l'émancipation, l'Italie se serait précipitée volontiers dans les bras de la France afin de coopérer à l'œuvre de la régénération sociale; mais l'Autriche, l'Espagne, l'Angleterre, le Pape, la tenaient enlacée au nord, au midi, au centre, sur ses rivages... On arrêta son élan.

Bonaparte, général en chef de la République française, se crut obligé de la conquérir au lieu de la délivrer : — ce fut une erreur!

Napoléon Ier l'incorpora à la France, sauf le royaume de Naples dont il gratifia un de ses lieutenants devenu son beau-frère : — ce fut une autre erreur!...

Quoique l'Italie n'eût reçu de l'Empereur qu'une existence précaire, factice, les soldats italiens combattirent jusqu'au dernier jour avec bravoure, avec fidélité dans les rangs de l'armée française.

Après la Restauration, la majeure partie de la Péninsule retomba sous la domination des Bourbons de Naples, des princes autrichiens, des Hapsbourg de Lorraine. On avait exigé d'eux, il est vrai, ces garanties si souvent illusoires que l'on nomme une Constitution; mais ils ne tardèrent pas à se parjurer, et reprirent une à une les garanties octroyées, déchirèrent le pacte et lui substituèrent la plus fine fleur du despotisme : — ainsi font les tyrans!

La résistance, — c'est-à-dire les mouvements continuels, les agitations incessantes, les soulèvements périodiques, — que l'Italie ne craignait pas d'opposer à cette conduite déloyale, impolitique, démontra clairement que l'énergie, ce sentiment sur lequel reposent l'existence et l'avenir d'une nation, lui était revenue; par malheur, les patriotes les plus chauds, les plus ardents, les plus dévoués peut-être, commirent des fautes d'autant plus graves, des méprises d'autant plus funestes, qu'elles provenaient de leur patriotisme même... Ils s'imaginèrent que l'Italie pouvait se suffire, que l'exaltation des masses était parvenue à son paroxysme, que l'élan national suppléerait à tout, et que le concours d'un peuple ami, d'un allié puissant, — par exemple la France, — n'était nullement nécessaire pour expulser l'étranger. Ces déplorables errements conduisirent la nation italienne aux désastres de 1821, 1831 et 1849.

La maison de Savoie gouvernait le Piémont et la Sardaigne. Elle favorisa les projets des patriotes italiens. L'intervention du Nord de l'Italie fut accueillie par ces derniers avec une chaleureuse gratitude. Ils pensèrent qu'en greffant une branche pleine de sève, riche de jeunesse et d'avenir, sur le vieux tronc italien, il en sortirait un arbre vigoureux, une souche robuste. Cela se pouvait, cela devait être, cela fut, mais plus tard...

Les premières tentatives de la maison de Savoie, dès 1821 et 1831, n'avaient pas réussi. Il en fut de même en 1849.

Cette fois-ci, le Piémont fit ouvertement appel aux armes. Après quelques succès, après une magnifique entrée en campagne, le roi Charles-Albert fut vaincu à Novare. Comme François Ier à la bataille de Pavie, il dut s'écrier : « Tout est perdu hors l'honneur ! »

On connaît les suites de la défaite de Novare. Charles-Albert abdiqua en faveur de son fils, Victor-Emmanuel, et alla mourir à Oporto. C'était un noble cœur! Le chagrin qu'il ressentit du sort de la patrie le fit descendre au tombeau. L'Italie l'a rangé parmi les martyrs de l'indépendance!..

Lorsque les espérances se réalisent, en politique, ces espérances sont acquises à l'histoire, et celle-ci leur accorde une place dans ses souvenirs.

Aux nations qui gémissent sous le joug de la tyrannie, Dieu suscite des vengeurs, si elles savent s'en montrer dignes. A celles qui se réveillent de leur léthargie, à celles qui veulent rompre leur chaîne à tout prix, à celles qui sont décidées à vaincre ou à périr, Dieu envoie des libérateurs. A peine ont-ils paru, poussant le cri de : Liberté! le peuple se lève, les écoute, les imite, les suit... De timide, de tremblant, d'apathique qu'il était auparavant, il devient audacieux, entreprenant, infatigable. Ses ennemis, frappés d'aveuglement et de terreur, prennent la fuite : le joug de l'étranger est brisé, les vieilles dynasties s'effacent ou se retrempent, la cause des nationalités triomphe !...

De même, lorsqu'une révolution se produit, tout est préparé en secret par une main mystérieuse. La force des choses la fait éclater, un bras en est l'instrument, une tête semble la diriger, mais c'est Dieu qui la conduit!... Que l'homme, emporté par l'impatience, indice de sa faiblesse, veuille hâter les événements, ou bien s'il veut, dans l'enivrement du succès, se substituer à la Providence, il est écrasé sous le poids du fardeau qu'il cherche à soulever... Ne perdons jamais de vue ce point de départ; c'est ainsi que l'on conserve aux révolutions leur caractère auguste et sacré...

Les libérateurs suscités par Dieu à l'Italie sont : Victor-Emmanuel, Cavour, Garibaldi...

Victor-Emmanuel monta sur le trône à l'âge de vingt-neuf ans, ayant sous les yeux un modèle à suivre et une faute à éviter.

Il avait donné, sur le champ de bataille, des preuves d'une brillante valeur, d'une intrépidité chevaleresque ; il lui restait à faire, sur le terrain plus scabreux de la politique, ses preuves d'habileté.

La nature l'avait avantageusement doué.

Au physique : — aspect imposant, organe sonore, visage avenant, ouvert, martial; taille bien prise, bien plantée, bien râblée ; corps vigoureux, façonné aux exercices de l'homme de guerre ; manières engageantes, séduisantes même, et d'une rondeur toute militaire.

Au moral, c'était mieux encore : — caractère énergique, loyal, d'un commerce tout à fait sûr, sans nulle morgue, sans égoïsme, sans ostentation ; cœur chaud, bien placé ; jugement sain, esprit droit, perspicace ; beaucoup de sang-froid, de modération et d'équité ; en outre, un profond respect de la foi jurée, un attachement sincère à la chose publique et aux intérêts du pays.

Ces qualités éminentes, essentiellement nécessaires au chef d'un État constitutionnel, en ont fait l'idole de l'Italie ; elles l'ont rendu l'objet d'un véritable culte ; elles lui ont valu le surnom de *Roi Galant-homme.*

Ne nous abusons pas, néanmoins. Victor-Emmanuel est ambitieux. Il a l'ambition des âmes fortes : celle des belles actions.

De même que l'aigle est souvent à l'étroit dans son aire, de même il faut un vaste théâtre au génie de Victor-Emmanuel..... De même que le roi des nuages, avant de planer dans les airs, mesure la hauteur de son vol, de même Victor-Emmanuel, avant de se préparer à la lutte, a voulu se convaincre de son aptitude à gouverner le pays qu'il devait affranchir... Ce qu'il désire, c'est de donner un nouveau lustre à la nation italienne, par la paix, par la guerre, par les arts, par l'industrie, le progrès et la civilisation. Le but qu'il poursuit avec autant de fierté que de persévérance, c'est l'éclatante manifestation des facultés viriles chez ce peuple auquel il a consacré son existence, auquel il sacrifierait au besoin sa couronne. Ce qu'il voudrait, c'est Venise, la reine de l'Adriatique ; c'est Rome, le cœur de la Péninsule; c'est Malte, le boulevard maritime de l'Italie, la première station du réseau asiatique, le futur entrepôt du commerce avec l'Orient. Ce qu'il faut à son ambition, tranchons le mot : c'est l'indépendance réelle de l'Italie, son entière unification, son autonomie la plus absolue.

Il y avait un exemple que Victor-Emmanuel devait suivre, avons-nous dit, et une faute qu'il devait éviter. En conséquence, il résolut de porter avec résignation le fardeau de sa destinée, c'est-à-dire se vouer entièrement à la cause italienne, parce que c'était le devoir de la maison de Savoie et qu'en héritant de la couronne il avait accepté cette tâche, aussi lourde que glorieuse !... Il jura de s'ensevelir sous les ruines du trône, lui, sa famille, sa dynastie, plutôt que de subir les conditions humiliantes imposées par l'Autriche, car il y avait assez longtemps qu'elle supportait l'esclavage, cette terre italienne qui s'épuise depuis tantôt trois mille ans à enfanter des héros ou à produire des martyrs ! Mais, élevé à l'école du malheur, instruit par les leçons de l'expérience, il se promit fermement de ne se mettre à l'œuvre qu'au moment où tout serait prêt, au moment où les événements seraient mûrs, au moment où l'occasion serait propice, afin de pouvoir exécuter ses projets sans que l'Italie eût à éprouver de trop violentes commotions, et seulement après s'être ménagé un auxiliaire dont l'appui était indispensable à la réussite de sa périlleuse entreprise.... Eh bien, il a tenu parole !

Nous connaissons les épisodes de 1859. Nous avons vu comment, à cette heure suprême et devant la grandeur du danger, la jeune Italie, guidée par Victor-Emmanuel, retrouva tout à coup la vigueur de ses ancêtres. Nous avons vu comment l'épée de la France lui fraya le chemin de la victoire, et comment les conseils, les bons offices de cette puissance l'aidèrent à consolider sa nationalité naissante en la mettant sur la route des améliorations de toute nature. Enfin, nous savons comment Victor-Emmanuel suivit l'exemple de son prédécesseur, comment il évita la faute dans laquelle son père était tombé, comment il humilia l'Autriche, comment il fut acclamé roi d'Italie, comment il a transporté la capitale du royaume à Florence, le plus près possible de Rome, etc., etc.

Victor-Emmanuel et l'Italie ont eu la bonne fortune de rencontrer sous leur main, précisément lorsqu'ils en eurent le plus besoin, les deux hommes qu'il leur fallait : un grand ministre, le comte de Cavour ; un grand capitaine, Garibaldi.

En dépit de tout ce que ses détracteurs ont pu dire, M. de Cavour est assurément, comme homme d'État, une des physionomies les mieux caractérisées de l'époque... Esprit souple, délié, entreprenant, lumineux, primesautier, plein d'expédients, d'adresse et de résolution, il avait ce sublime courage qui sait imposer, qui sait exiger à propos un sacrifice pénible afin de sauver la patrie, sa popularité même dût-elle y faire naufrage... Le parlement, le sénat, l'Italie, l'Europe entière retentissent encore des éclats de sa parole entraînante... On se rappelle ses admirables discours, ses harangues éloquentes, ses travaux incessants. On se demande avec étonnement si c'est bien le même homme qui possédait, à la fois, le talent de bien dire et la dextérité avec laquelle doivent se diriger les fils si délicats de la politique ; qui veillait avec tant de vigilance sur la manière dont fonctionnaient les rouages administratifs, et dont l'œil exercé sondait avec tant d'assurance les arcanes de la question financière... M. de Cavour a succombé à l'œuvre, mais il a eu la consolation d'assister, avant de mourir, au triomphe de la cause qu'il avait embrassée. Sa mort, — perte irréparable pour l'Italie ! — fut un deuil général ; chacun voulut s'agenouiller près du lit où s'était exhalé son dernier soupir, et la nation éplorée accompagna sa dépouille mortelle à sa dernière demeure. Le nom du comte de Cavour, impérissable comme ses actes, restera toujours cher aux cœurs italiens !

On parcourrait en vain les annales des aventuriers célèbres, on passerait en revue les entreprises de ces flibustiers dont la hardiesse étonna l'Amérique, on relirait la fable des Argonautes allant à la conquête de la Toison d'or, l'Odyssée d'Homère, l'Énéide de Virgile, la légende du Cid, les poëmes de l'Arioste et du Tasse, les expéditions des princes normands, les découvertes de Christophe Colomb, les conquêtes de Fernand Cortez, de Pizarre, de Vasco de Gama : rien ne saurait se comparer, pour l'originalité de l'action, pour l'imprévu et la grandeur des résultats, aux exploits de Garibaldi. Les décrire serait au-dessus de nos forces ; qu'il nous suffise de rendre ici un faible hommage à cette personnalité extraordinaire.

Garibaldi n'a qu'un seul mérite : son patriotisme ; mais le patriotisme en a fait un héros ; mais le patriotisme a pris chez lui des proportions si élevées, si étendues, qu'il lui prête tour à tour, et selon les circonstances, toutes les aptitudes. Ainsi : sans avoir été fonctionnaire public, il a des notions exactes sur les questions administratives ; sans jamais s'être exercé à la parole, il prononce des allocutions magnifiques ; sans qu'il se soit habitué à manier la plume, il lance des manifestes véhéments ; sans avoir appris l'art de la guerre, il remporte des victoires éclatantes... Expansif et ardent, il redevient, à propos, calme, souriant, réservé, silencieux... Il mûrit et médite longtemps ses projets, mais il les exécute avec la rapidité de l'éclair. On le croit cloué sur son lit par la goutte, il vogue vers le rivage de Marsalla ; on le suppose encore à Messine, il est déjà rendu à Naples... Comme soldat, il est d'une intrépidité rare ; comme général, sa prudence égale son audace. L'attaque est le côté par où il brille ; la sûreté du coup d'œil et la vivacité de l'action lui donnent un immense avantage sur ses adversaires, aussi la confiance que ses volontaires ont en lui est-elle inexprimable et sans bornes.

Le maréchal de Saxe se fit porter en litière au milieu de ses troupes à la bataille de Fontenoy ; de même Garibaldi, fût-il près d'expirer, se ferait porter sur les épaules de ses volontaires pour tirer le premier coup de fusil le jour où l'Italie marchera sur Venise... Hippocrate repoussa les présents d'Artaxercès, l'ennemi de sa nation ; Garibaldi a refusé la récompense que la patrie reconnaissante voulait lui décerner. Cincinnatus, après ses victoires, retournait à sa charrue ; Garibaldi alla cacher sa gloire sur une île déserte... Son désintéressement et sa simplicité sont sans exemple dans l'histoire. Mais on aura, sans doute, comblé d'honneurs le libérateur de la Sicile et du royaume de Naples ; on lui aura taillé un fief des rognures de ses conquêtes ; on l'aura créé duc, marquis ou prince ?..... Allons donc ! Il est, il doit, il veut rester Garibaldi tout court, c'est-à-dire le type du dévouement, le symbole du patriotisme. Le seul titre qui lui convienne, c'est celui de capitaine du peuple, car le peuple c'est lui ! Jamais autotorité plus légitime, moins contestée...

A l'exemple de quelques natures généreuses, Garibaldi est républicain ; cependant, ayant reconnu que son pays n'est pas encore préparé pour la République, ses tendances personnelles ont fléchi devant l'intérêt général, devant l'opinion de ses concitoyens ; il s'est rallié à la monarchie constitutionnelle, èt, l'un des premiers, il poussa ce cri retentissant : « Vive l'Italie, avec Victor-Emmanuel ! » Cela fait son éloge ; ce fut sa plus belle victoire, car c'était la plus difficile à remporter.

Nous regrettons sincèrement, — pourquoi ne pas le dire ? — que Garibaldi, la personnification incarnée du patriotisme italien, ait prêté un tant soit peu l'oreille aux adulations, aux suggestions perfides. non pas de l'Angleterre elle-même, mais d'un petit nombre de personnages malavisés qui n'ont pas craint de le pousser en aveugle à une manifestation aussi déplorable qu'intempestive, celle d'Aspromonte. Jamais péril plus grand pour la cause italienne ! Le capitaine du peuple, blessé d'une balle fratricide, a failli être enlevé avant l'heure aux destinées de l'Italie ; les patriotes italiens ont manqué se diviser en deux camps, ce qui eût entraîné la ruine de leurs plus chères espérances, parce qu'un ennemi vigilant, irrité, formidable, aurait certainement profité de leur désunion... Par bonheur, il n'en fut pas ainsi. Garibaldi a été sauvé, et les patriotes se sont tendu la main.

Nous ne saurions trop conseiller à notre héros de se tenir en garde contre ses impatiences patriotiques ; tout excusables qu'elles soient, elles n'en constituent pas moins un écueil redoutable. Il est souvent plus avantageux de temporiser que de combattre ; en outre, il vaut mieux attendre les événements que les précipiter... Espérons-le : Garibaldi, rendu à l'affection, à l'amour de l'Italie, se vengera d'Aspromonte par de nouveaux services ; or, ce rôle magnanime convient à son beau caractère. Oui ! si la Providence, dans ses calculs impénétrables, a cru devoir retirer si tôt M. de Cavour de l'arène politique, il reste encore à l'Italie ses deux valeureux champions : Victor-Emmanuel et Garibaldi. Que Dieu les inspire, les unisse et les conduise à la victoire !...

V.

Si une chose a douloureusement affecté le narrateur, ce sont les indécentes attaques qu'un publiciste n'a pas craint de formuler, — au moment où la tombe venait de se refermer sur les restes mortels du comte de Cavour, — contre l'œuvre de ce ministre, ou, pour parler plus clairement, contre l'alliance de la France et de l'Italie. Le langage tenu en cette occasion décelait tout à la fois un agent de l'Angleterre et un aspirant à quelque portefeuille ministériel : aspirant évincé, il est vrai, par la vindicte publique.

Vous avez bien maladroitement essayé, Monsieur le folliculaire, de lancer de la boue au visage de M. de Cavour et de rapetisser le mérite de l'homme d'État que l'Italie regrette encore !... Les diatribes que votre anglomanie, vos rancunes, votre désappointement vous ont dictées, méritaient le mépris qu'elles ont généralement inspiré... Ah ! si M. de Cavour eût vécu, vous n'auriez jamais eu la témérité de braver sa voix tonnante et ses superbes dédains. Vous ne l'ignorez pas, il vous eût écrasé du poids de son patriotisme et de son inflexible logique... Exaltez l'Angleterre, encensez tant qu'il vous plaira ses ministres, acclamez sa politique de gros sous, vous ne parviendrez pas à jeter la discorde entre la France et l'Italie !...

Au dégoût que nous avons ressenti en lisant dans un journal anglais, — le *Times*, — vos insinuations malveillantes, vos récriminations injurieuses, nous avons compris le motif qui vous a fait garder l'anonyme. Vous avez agi prudemment en cachant votre nom : c'était l'unique moyen d'abriter votre dignité ; mais le voile ne vous masquait pas assez bien... Lorsqu'on avance de semblables imputations, on doit le faire à la face du pays ; on les écrit dans sa propre langue, afin qu'on ne puisse les altérer en les traduisant ; puis, on les signe !... Quand vous en êtes arrivé à accuser la France de vouloir « *acheter l'âme de l'Italie*, » quand vous avez osé adresser ce sanglant outrage à une nation qui a sauvé la vôtre, à une nation sans laquelle vous n'auriez jamais eu l'honneur de siéger au Parlement iltalien, — entendez-vous, signor Gallenga ? — nous l'avouerons, vos critiques, malgré leur agencement insidieux, malgré l'habileté avec laquelle vous les avez groupées, nous ont paru dépasser les bornes d'une loyale polémique, et des flots d'indignation ont débordé de notre âme !... Voyez-vous un député italien adressant au *Times* des articles grassement rétribués, où il exhalait sa fureur contre les institutions de la jeune Italie ! Les électeurs ont fait justice de cette félonie ; ils lui ont retiré son mandat au renouvellement de la Chambre.

Nous voudrions en rester là de cette revue rétrospective ; néanmoins, eu égard à la grandeur de la lutte qui se prépare, car l'Italie est loin d'avoir subi toutes les épreuves dont elle est menacée ; eu égard aux suites incalculables d'une guerre qui semblerait devoir prendre des proportions effrayantes, car elle pourrait bien embraser l'Europe ; eu égard aux interprétations erronées qui ont été répandues tour à tour avec un cynisme révoltant par les agents de l'Angleterre, de l'Autriche, de la cour de Rome, et par les hommes des vieux partis, nous porterons encore nos regards en arrière afin de mettre en évidence les points du litige qui n'ont pas été suffisamment éclaircis, ou qui n'ont pas été abordés avec toute la franchise que réclame cette importante question.

VI.

La politique internationale a le droit de s'occuper de l'avenir.

Au moment où l'Europe était agitée en tous sens par les mobiles qui affectaient de vouloir se produire au grand jour, à l'époque de 1859, n'était-il pas naturel de voir le gouvernement français rechercher une alliance capable de lui assurer des avantages commerciaux, capable de favoriser le développement de son industrie et de maintenir sa prépondérance? Fallait-il, lorsque l'honneur national et la prospérité du pays étaient en jeu, fallait-il demeurer les bras croisés?...

Bien des gens, sans s'inquiéter des conséquences funestes qu'auraient eues les empiétements de l'Autriche en Italie si on n'y avait mis obstacle, ont témoigné leur surprise de ce que la France, répudiant l'alliance contractée avec l'Autriche, le Saint-Siége, le royaume de Naples, ait épousé avec tant d'ardeur la cause du Piémont et celle de l'Italie. Avaient-ils bien songé que la situation était changée? Avaient-ils bien compris que le pacte contracté par la branche aînée des Bourbons, accepté par la branche cadette, continué par la République de 1848 et ratifié d'abord par l'Empire, était enfin devenu impossible? Se sont-ils seulement doutés qu'en agissant comme elle l'a fait, la France est retournée à cette politique qui fut longtemps la sienne et dont, pour sa gloire, elle n'aurait jamais dû s'écarter : la politique du progrès, de la civilisation, de la liberté, de l'indépendance des peuples et des nationalités?... Ils n'étaient donc pas entrés au fond du sujet; ils n'avaient pas bien senti la portée du drame qui s'accomplissait alors; ils n'avaient pas entrevu que tout cela n'était que le prélude du gigantesque conflit auquel nous devions assister bientôt.

Tant que les nationalités ne seront pas fortement constituées, solidement assises, les intérêts resteront divisés; les principes de droit et de morale, mal établis, mal déterminés; les gouvernements, sans consistance, sans nulle garantie de durée. Aussi comprenons-nous que les nations, les souverains, les gouvernements, cherchent à se procurer par des alliances la force et la stabilité qui leur manquent.

Chaque peuple n'a-t-il pas à pourvoir aux besoins de sa double existence? Outre le soin de la vie matérielle, n'a-t-il pas à développer par les arts, par les sciences, par l'industrie, par le commerce, l'activité ainsi que les aptitudes particulières dont la nature l'a doué? Ne lui faut-il pas des débouchés, des relations lointaines pour échanger ses idées, ses produits, et pour agrandir son double domaine? S'il a, par ses efforts, conquis le sol, la cité, la patrie, ne doit-il pas s'appliquer aussi à propager les lumières et la liberté à l'aide de cette puissance intellectuelle à qui rien ne résiste : la pensée?... Hélas! l'humanité ne s'est pas assez préoccupée, jusqu'à cette heure, de ces hautes et profondes considérations. Le moindre intérêt de commerce, de famille, de prééminence ou d'amour-propre amène des collisions; les peuples s'entre-déchirent pour des causes frivoles; alors surgissent des guerres interminables, couronnées d'ordinaire par une de ces pitoyables transactions que l'on qualifie du beau nom de paix; de là, aussi, ces amitiés boiteuses auxquelles on reste fidèle jusqu'à ce qu'on présume avoir du bénéfice à les rompre. Le pire, c'est qu'il en sera toujours ainsi, à moins que le bon sens et la fraternité ne finissent par replacer le monde sur ses véritables assises : *la solidarité des peuples et les grandes nationalités*...

L'Italie avait-elle besoin d'une forte alliance, en 1859? A-t-elle encore besoin d'une alliance sincère, dévouée, sympathique, en 1866? Poser ces questions, c'est les résoudre. Il s'agit donc d'examiner, seulement, laquelle était préférable pour l'Italie, de l'alliance avec la France ou de l'alliance avec l'Angleterre, le choix ne pouvant, à notre avis, être plus douteux dans le présent, qu'il ne l'a été dans le passé.

Italiens! l'Angleterre vous prêtera de l'argent, mais à intérêt usuraire; elle vous fournira des armes, mais elle vous les fera payer bien cher; bref, elle ne vous sacrifiera pas même un homme, pas même une barque, pas même un schelling... Une de ses manœuvres de prédilection consiste à fomenter des troubles, à susciter des fermentations populaires. Comme les usines, les fabriques, les manufactures ne peuvent plus fonctionner dans une contrée en insurrection, alors elle a beau jeu à introduire les produits de son industrie. Elle aime à pêcher en eau trouble; elle affectionne les orages politiques; par contre, dès que la tempête éclate, elle s'en éloigne. N'ayez peur! elle ne s'exposera point à recevoir des éclaboussures. D'habitude, tandis que l'Europe a les yeux fixés sur le terrain de la lutte, elle expédie sournoisement ses vaisseaux afin de s'emparer à l'improviste de quelque poste où elle s'installe aussitôt de telle sorte qu'on ne puisse plus l'en faire déguerpir. Si ce n'est là du brigandage, tout au moins est-ce une habileté qui nous répugne profondément. Gibraltar, le Cap, Malte, Aden, Périm, Pointe-de-Galles, Tchittagoong, Akyab, Rangoon, Malacca, Pûlôo-Pinang, Syngapoure et autres lieux, attesteraient, au besoin, sa politique artificieuse; de même que l'Hindoustan, le Pégu, l'Arakan, le Ténasserim démontrent son égoïsme et sa rapacité.

Qu'on ne s'y trompe pas, l'amitié de l'Angleterre c'est la foi punique! Ses encouragements, ses promesses sont des leurres et appeaux qui n'abusent que les niais... Quiberon et Copenhague ont donné, jadis, la mesure de sa générosité. Tout récemment, sa conduite envers la Pologne, sa manière d'agir dans l'affaire du Mexique, ses procédés envers le Danemark au sujet des duchés de l'Elbe, témoignent de la confiance que les peuples doivent avoir en ses excitations... Elle a restitué les îles Ioniennes à la Grèce parce que cet Archipel lui coûtait davantage qu'il ne rapportait; mais croyez-vous qu'il lui prenne un jour la fantaisie de démolir Gibraltar pour faire une gracieuseté à l'Espagne, et d'abandonner l'île de Malte par considération envers l'Italie?... Nos amis d'Outre-Manche, convenons-en, entendent on ne peut mieux le patriotisme : pour eux, chez eux et à leur façon. Ils savent, lorsque le cas l'exige, s'imposer les plus grands sacrifices à l'effet de sauvegarder... leurs capitaux. Pour ne laisser aucun voile sur notre pensée, nous ajouterons même que l'Angleterre verrait d'un mauvais œil l'Italie devenir une puissance maritime de premier ordre, de crainte que celle-ci ne s'acheminât promptement vers l'Égypte et vers l'Asie, grâce à la plus admirable position géographique. On connaît la résistance opiniâtre que l'Angleterre a manifestée par rapport à la canalisation de l'isthme de Suez. Cela n'impliquerait-il pas que l'esprit mercantile l'emporte sur le libéralisme dont se targue la fière Albion?...

Quant à la France, il n'en est pas de même. Lorsqu'elle pose son épée dans le plateau de la balance, c'est toujours pour des motifs avouables ou avoués. Elle veut pour elle-même ce qu'elle voudrait pour les autres, et réciproquement. Elle sait qu'elle a une mission civilisatrice à remplir; elle n'y manquera pas. Elle sait qu'il n'y a pour elle ni alliance sincère ni amitié fidèle à espérer en dehors des nationalités, car les Puissances signataires du traité de la quadruple alliance la jalousent et la détestent, de même qu'elle déteste les traités de 1815. Si le gouvernement français n'eût été amplement renseigné à cet égard, la manière peu courtoise dont fut accueillie, naguère, sa proposition du congrès européen lui en aurait fourni la preuve irréfragable.

L'alliance italienne est populaire en France; sa dénonciation fut saluée, en 1859, avec tout cet élan dont la fibre nationale est susceptible. Le gouvernement ayant demandé des fonds pour parer aux nécessités de la guerre, pauvres et riches s'empressèrent d'offrir leur cotisation, de sorte que l'emprunt atteignit un chiffre fabuleux. A part l'opinion de quelques ultramontains fanatiques, de quelques conservateurs *quand même*, de quelques orateurs des vieux partis qui saisirent cette occasion d'alarmer les bancocrates, les boursicotiers et les *faiseurs*, dans l'espoir que le blâme retomberait sur la politique militante, celle de l'Empereur; à part ces rares exceptions, disons-nous, les vœux que cette guerre provoqua, les espérances qui s'y rattachaient furent unanimes. Allons plus loin : — après l'annexion de plusieurs provinces au royaume d'Italie, la Péninsule se trouva un instant dans la plus fausse situation à cause des embarras financiers occasionnés par la guerre et par les difficultés de toute nature que les patriotes du clocher s'efforçaient de susciter au cabinet de Turin. Eh bien, la France, qui avait épousé avec tant d'entrain les intérêts de l'Italie, s'émut tellement de cette situation, qu'elle en ressentit un malaise violent, une espèce d'agitation fébrile que la prudence, la fermeté de l'Empereur purent seules calmer et maîtriser...

La France aime l'Italie pour les services que celle-ci a rendus jadis à l'humanité, et pour les vives splendeurs qu'elle projeta sur l'univers entier!

La France aime l'Italie parce qu'elles ont toutes les deux du sang latin dans les veines; parce qu'elles ont sucé ensemble le lait de la civilisation; parce qu'elles ont puisé à la même source l'amour de la liberté!

La France aime l'Italie parce qu'elle a souffert, parce qu'elle a gémi, parce a qu'elle lutté, parce qu'elle doit soutenir encore une dernière lutte contre l'oppression.

La France aime l'Italie en vue de leur avenir commum, car le salut du monde dépend de leur intimité... Oui, de l'union de la France et de l'Italie jailliront un jour toutes les nationalités : l'empire slave, l'empire danubien, l'empire allemand, l'empire scandinave, l'empire ibérien et l'empire grec!...

Mais, pas de méprise, pas de malentendu, pas de quiproquo plus ou moins volontaire. L'apport social doit être complet de part et d'autre. Consenti sans restriction aucune, il devra s'effectuer avec la même franchise, la même bonne foi; en d'autres termes, la coopération sera également réciproque, également dévouée, également effective et énergique. Ainsi donc, s'il incombe au chef du royaume d'Italie de reconstituer l'unité de la Péninsule avec l'aide de la France, de même il appartient au chef de l'Empire français de reconstituer la France avec le concours de l'Italie, dans les limites que la nature lui a tracées.

— Mais, se demandaient avec anxiété ceux que l'impatience dominait : d'où proviennent ces doutes, ces hésitations, ces lenteurs? Pourquoi ne pas répondre plus promptement à l'attente d'un peuple frémissant de colère?

— Ne vous désespérez pas ainsi, patriotes italiens! leur disait une voix sympathique, celle de la France... Éloignez de votre esprit les craintes, les soupçons, les alarmes. On n'élève pas un monument éternel comme on échafaude un reposoir ou un arc de triomphe. Dieu n'a pas achevé son œuvre en un jour. Plus l'arbre est destiné à pousser de profondes racines, plus lente sera sa croissance; plus il doit donner de verdure, d'ombrage, et plus il mettra de temps à étaler ses rameaux... Que sont quelques années dans l'existence des peuples? Sachez attendre, et ne compromettez pas l'avenir par votre précipitation. Au nom du ciel! pas d'effervescence inopportune, patriotes italiens, polonais, hongrois, allemands, scandinaves, patriotes de toutes les subdivisions de la grande famille humaine!...

— Quoi! pensions-nous aussi, à part nous : un neveu de l'empereur Napoléon Ier, en dépit des grandes choses accomplies déjà, en dépit de celles à accomplir encore, abdiquerait le prestigieux empire qu'il lui est donné d'exercer sur la destinée des nations!... La maison de Savoie, cette illustre famille que Dieu a choisie pour l'exécution de ses desseins mystérieux sur l'Italie, la maison de Savoie faillirait à son mandat!... La noble lignée de Philibert-Emmanuel aurait grandi par l'épée, par la politique, par ses alliances avec toutes les branches souveraines de l'Europe; elle aurait, prudemment et à propos, modifié les principes surannés de la tradition gouvernementale; elle aurait compris que l'obscurantisme est l'ennemi de la société, que les trônes doivent reposer sur les masses, que le vaisseau de l'Etat doit être porté par le flot populaire, que la cause des nationalités est une cause sainte, qu'il faut savoir être de son temps, qu'il est des concessions que l'on ne refuserait pas impunément; et, malgré les belles espérances qu'on est en droit de concevoir, elle répudierait la mission que la Providence lui a confiée, et puis elle s'arrêterait en chemin!...

... La France, généreuse nation s'il en fut jamais, retirerait la main qu'elle a tendue à l'Italie!... Après avoir fait briller, aux yeux de son alliée, le prisme de la liberté, de l'indépendance, de la régénération sociale; après l'avoir poussée en avant, après l'avoir secondée dans ses premières tentatives, elle l'abandonnerait au ressentiment d'un ennemi cruel et implacable!...

... L'Italie aurait lutté pendant quinze cents ans pour en arriver au point où elle se trouve; elle aurait traversé les phases les plus lamentables; elle aurait vu dévaster ses campagnes, saccager ses villes, gaspiller ses trésors, détruire ses monuments, profaner ses temples, décimer sa population; cent fois elle aurait été livrée à la brutalité, aux violences d'une soldatesque effrénée, ivre de luxure et de carnage; enfin, elle aurait perdu jusqu'à son propre nom, jusqu'à son existence elle-même, et quand Dieu la prend en pitié, quand il lui offre le moyen de redevenir ce qu'elle était jadis, l'Italie, disons-nous, refuserait de marcher avec la France, elle trahirait son alliée pour se jeter dans les bras de l'Angleterre!... Oh! non, rien de cela n'est possible. . .
. . . . P.

Mais ne cherchons pas à anticiper sur les événements de l'avenir, ne déchirons pas le voile qui les cache encore à nos yeux; exposons plutôt à nos lecteurs comment l'Italie est parvenue à se régénérer, à effacer les traces de son ancienne servitude et à se montrer digne des hautes destinées qui l'attendent.

Depuis la glorieuse campagne des armées alliées, depuis l'annexion des Duchés, des Légations et des Marches, depuis l'affranchissement des Deux-Siciles, depuis l'érection définitive du royaume d'Italie, nous avons vu la Péninsule se dépouiller peu à peu des préjugés d'autrefois, extirper les uns après les autres les abus d'un passé aux abois, favoriser la diffusion des lumières, propager l'instruction, se préserver avec soin des idées exaltées, faire la part des innovations reconnues utiles ou nécessaires, donner un écoulement naturel à des tendances que les moindres digues transformeraient en torrents dévastateurs, rendre les emplois publics uniquement accessibles au mérite et non au népotisme, et non à la faveur ou à l'intrigue; reconnaître les droits acquis, rémunérer les services rendus, honorer la vertu, le talent, le travail; enfin replacer la morale et la loi au fronton de l'édifice social, après avoir replacé à sa base l'ordre, l'autorité, la justice et la liberté.

Dans une autre série de faits, nous avons vu l'Italie réorganiser son administration intérieure à l'aide de sages réformes, au moyen d'une centralisation rationnelle, nullement exclusive, c'est-à-dire laissant à l'élément populaire sa part d'initiative et d'action... Nous l'avons vue restaurer ses finances, grâce à l'adjonction de certains ressorts dévolus à l'époque actuelle; fonder une foule d'institutions de crédit; mettre en valeur les biens de main-morte et autres propriétés similaires; étendre au loin son commerce, ouvrir ou creuser des ports, resserrer de plus en plus les liens qui l'unissent à la Sicile ainsi qu'à la Sardaigne; établir des docks, des entrepôts, des phares, des chemins de fer, des voies de communication, des lignes télégraphiques; créer une armée nationale, organiser une milice citoyenne, construire des vaisseaux en bois et en fer, former des approvisionnements de toute nature, couler et forger des canons, fabriquer des lances, des sabres, des carabines, des mousquets, des pistolets, des revolvers et des baïonnettes; des baïonnettes surtout, l'arme des braves!...

Nous la voyons encore s'appliquer à développer, par tous les moyens dont elle dispose, le bien-être au sein des classes inférieures, parce que le bien-être matériel est l'affirmation du progrès moral. Elle s'attache de même à doter le pays d'une organisation militaire, respectable, imposante, parce que, en l'état actuel de la société, les fortes nations sont les seules qui soient réellement indépendantes. Or ces transformations, ces améliorations, ces changements s'opèrent chez elle sans précipitation, sans impatience, sans à-coups, sans saccade, sans animosité, sans aucun mauvais vouloir personnel; mais au contraire avec calme, avec dignité, avec mesure, dans un louable esprit de conciliation, en vue de l'intérêt général, selon les règles de cette progression continue, réfléchie et normale qui est le signe de la force comme elle est le gage du succès!

Le général La Marmora.

CHAPITRE IV.

TRANSFORMATIONS POLITIQUES SUBIES PAR L'ITALIE DEPUIS 1815.

I.

Les limites naturelles de l'Italie sont trop bien déterminées et trop connues pour que nous ayons à les reproduire ici.

Par les traités de 1815, l'Italie fut divisée en trois régions principales : *l'Italie Septentrionale*, *l'Italie Centrale*, et *l'Italie Méridionale*.

L'Italie Septentrionale se composait :

1° Du royaume sarde, formé par la réunion de l'île de Sardaigne, du comté de Nice, du Piémont, de l'ancienne république de Gênes et de la Savoie;

2° De la petite principauté de Monaco;

3° Du royaume lombard-vénitien, agrégation des anciennes provinces lombardes et vénitiennes, auxquelles on adjoignit l'Istrie, dont la population est d'origine italienne.

L'Italie Centrale réunissait :

1° Le duché de Modène;

2° Le duché de Parme, Plaisance et Guastalla;

3° Le duché de Lucques;

4° Le duché de Massa et la principauté de Carrare;

5° Le grand-duché de Toscane avec l'île d'Elbe et les îles voisines;

6° Les États de l'Église, reconstitués au moyen de la Romagne, de l'Ombrie, des Marches, des Légations, du Territoire de Saint-Pierre et de la Campagne de Rome;

7° La petite république de Saint-Marin.

L'Italie méridionale comprenait l'île de Sicile, l'ancien royaume de Naples et les divers archipels qui en dépendent.

Par la manière dont ces États furent distribués, nous verrons que l'Autriche était réellement maîtresse de l'Italie, soit qu'elle se fût réservé les provinces le plus à sa convenance, soit qu'elle eût attribué d'autres provinces à des membres de la branche cadette des Hapsbourg de Lorraine, soit qu'elle eût réintégré des familles souveraines dont les principes rétrogrades et absolutistes étaient en harmonie avec les siens.

La république de Saint-Marin étant devenue indépendante après avoir été replacée sous la protection du Pape, et la principauté de Monaco ayant été restituée à la famille des Matignon-Grimaldi, nous ne nous occuperons pas davantage de ces petits États.

Le royaume sarde fut donné à Victor-Emmanuel Ier, prince de la maison de Savoie, laquelle avait continué de régner sur l'île de Sardaigne avec le titre de roi.

Le royaume lombard-vénitien, inféodé à l'Autriche et soumis à la plus atroce compression, fut confié à un archiduc de la famille impériale, qui prit la qualification de vice-roi.

Le duché de Modène fut donné à François IV, prince de la maison des Hapsbourg lorrains, que les historiographes considèrent bien à tort comme étant la tige d'une nouvelle maison d'Este, attendu que le véritable héritier de cette illustre souche est le prince Auguste Crouy-Chanel, unique descendant en droite ligne des anciens ducs de Modène et de la race royale des Arpad de Hongrie, ce qui vient d'être reconnu par un arrêt de la cour d'appel de Modène... Ce duché s'accrut, en 1829, du territoire de la principauté de Massa-Carrare, par suite de dispositions testamentaires concertées, dès 1815, avec l'ancien titulaire.

Le duché de Lucques devint l'apanage d'une famille entée sur celle des Bourbons d'Espagne par l'alliance avec les Farnèse de Parme. En 1847, le prince Charles-Louis ayant été mis en possession des fiefs de Parme, Plaisance et Guastalla, le duché de Lucques fit retour à la Toscane à laquelle il avait appartenu autrefois.

Parme, Plaisance et Guastalla constituèrent, sous le nom de duché, une petite souveraineté au profit de l'archiduchesse Marie-Louise d'Autriche. Cette femme, nul ne l'ignore, après avoir été l'épouse du plus grand homme des temps modernes, après avoir eu l'insigne honneur de porter le titre d'Impératrice des Français, ne rougit pas d'abandonner son fils, le duc de Reichstadt, à la Sainte-Alliance, et, lorsqu'elle fut devenue veuve par la mort de Napoléon, elle eut l'impudeur d'épouser son amant, un soudard autrichien, du nom de Neipperg. Quand elle vint à décéder, en 1847, Parme, Plaisance et Guastalla échurent au prince Charles-Louis, duc de Lucques.

La Toscane et ses dépendances passèrent à l'archiduc d'Autriche, Ferdinand III, de la branche cadette des Hapsbourg de Lorraine.

Tout naturellement, le pape Pie VII recouvra les États de l'Église. Il eut soin de les faire garder par des troupes autrichiennes, et, pour plus de précaution, s'entoura lui-même d'un corps de mercenaires suisses qui furent licenciés un peu plus tard à cause de la haine que la population ressentait pour ces étrangers.

L'île de Sicile, que ses destinées tendaient à rapprocher du royaume de Naples, formait, avec cette souveraineté, le royaume des Deux-Siciles à l'époque où les Français, conduits par le général Championnet, conquirent les possessions de terre ferme (1799) et proclamèrent la république Parthénopéenne. En 1806, Napoléon mit son frère Joseph sur le trône de Naples; puis il le remplaça, en 1808, par son beau-frère Joachim Murat. Durant cet intervalle, le roi des Deux-Siciles, Ferdinand IV, de la maison des Bourbons d'Espagne, se retira en Sicile où il parvint à se maintenir avec la protection de l'Angleterre. Il est à propos de faire observer que, dès 1812, ce prince dota la Sicile d'une Constitution, d'après l'avis des hommes d'État de la Grande-Bretagne... En 1815, Ferdinand IV fut réintégré sur le trône du royaume des Deux-Siciles...

II.

Ce qui rendit longtemps l'Italie impuissante et malheureuse, ce fut l'asservissement auquel on l'avait soumise. Cette politique, qui visait à étouffer les aspirations généreuses en fermentation dans son sein, était déjà pratiquée avant 89. L'Autriche, décidée à combattre avec acharnement toute espèce de tendance vers le progrès, savait fort bien ce qu'elle faisait en imposant à la Péninsule le régime sur lequel s'appuyait la restauration de 1815. Sa politique de compression se trouvait en parfaite harmonie avec celle de ses archiducs, avec celle des Bourbons de Parme et de Naples, avec celle dont le Saint-Siége lui-même crut devoir faire usage. Elle entretenait dans le royaume lombard-vénitien, notamment à Milan, à Venise et dans les places fortes du fameux quadrilatère, une armée nombreuse. Maîtresse de l'Adriatique, elle pouvait lancer sur tous les points de l'Italie ses troupes allemandes et ses bandes de hulans ou de Croates, au moindre symptôme de mécontentement de la part des populations. Partout elle prêta la main à l'arbitraire, à la tyrannie, aux exécutions sanglantes. C'est donc sur sa tête que doit retomber le sang innocent des patriotes italiens immolés à ses terreurs ainsi qu'à l'assouvissement de sa vengeance, sur le sol de l'Italie . . . .

Il serait impossible, dans une courte notice, d'indiquer, même sommairement, les troubles, les émeutes, les manifestations qui se produisirent au grand jour, et les menées sourdes, les ramifications souterraines auxquelles eurent recours les sociétés secrètes organisées en vue de délivrer la patrie captive. En conséquence, nous nous bornerons à exposer, par quelques traits de plume, la direction que prirent les esprits, en Italie, peu de temps après la réinstallation des agents de l'Autriche en 1814-1815, et à citer les principaux événements des deux dernières époques : 1848 et 1859. . . . .

De l'union des principes absolutistes de l'Autriche et des Bourbons de Naples, avec les doctrines ultramontaines du clergé, si puissant en Italie, devait naître promptement un état de choses susceptible d'augmenter les maux des diverses provinces, et, par cela même, très-propre à provoquer une réaction puissante.

Rendons cette justice à la nation italienne : les premiers ferments d'indépendance se manifestèrent parmi la portion éclairée de la société, si bien que les nobles eux-mêmes ne craignirent pas d'affirmer leur patriotisme en se mêlant aux conspirateurs. Quant aux habitants des campagnes, attachés, pour la plupart, à la glèbe en qualité de fermiers ou de serviteurs, dénués d'instruction, ne participant d'aucune façon aux affaires du pays, privés de ces nobles mobiles qui exaltent et affermissent le patriotisme, ils s'imaginaient qu'il s'agissait simplement pour eux de changer encore une fois de maîtres. Mais, dès qu'ils comprirent la possibilité de redevenir citoyens, dès qu'ils sentirent que le sort de la patrie était réellement en danger, comme en 1859, ils prirent part au mouvement; aussi voyons-nous, aujourd'hui, les gens des campagnes accourir avec autant d'empressement que les citadins sous la bannière nationale pour défendre contre l'Autriche leur jeune nationalité. . . . .

Les griefs de l'Italie, après la Restauration de 1815, furent nombreux. Nulle industrie, pas de commerce, aucun encouragement aux manufactures, aux beaux-arts, aux travaux des champs; des terres incultes dans chaque province; l'ignorance et l'abrutissement dans les campagnes; des impôts exorbitants, des surcharges sans contrôle, un désordre inouï au sein des finances de l'État; la corruption et l'immoralité se glissant partout sans se donner la peine de déguiser leurs allures; enfin, l'arbitraire planant au-dessus de cet amas d'immondices et les autorisant par son silence quand il ne les encourageait point de son exemple !... On le conçoit, la colère des populations grondait sourdement. Le pouvoir, de son côté, réduit à se mettre sur la défense, réduit à attendre son salut des soins inhabiles et impuissants d'une police mal faite, méprisée autant que méprisable, ne savait comment arrêter le progrès des idées patriotiques et augmentait chaque jour le nombre de ses ennemis en augmentant le nombre de ses victimes.

En Italie, le caractère est passionné, l'imagination inflammable, l'intelligence expansive. L'autorité, au lieu d'utiliser ces qualités précieuses, au lieu d'occuper les esprits à des travaux utiles, au lieu d'admettre aux emplois publics les gens capables et honnêtes, repoussait tous ceux qui ne se vendaient pas. Le pays était réellement dirigé, gouverné, torturé par des mains étrangères... La masse s'abandonnait à l'oisiveté : d'où les rêves chimériques, des projets insensés, des tentatives avortées. Les gens de valeur se livraient à l'étude; mais, dans le silence du cabinet, l'âme et le cœur s'échauffaient vite chez eux; ils s'enivraient à froid, puis ils se lançaient dans quelque complot où ils trouvaient l'exil, la ruine, le désespoir, sinon la mort. Et les idées marchaient !...

Les Italiens aiment à se réunir entre eux; par caractère, ils sont accessibles à la petite gloriole de l'uniforme; ils se seraient montrés heureux de pouvoir participer aux affaires du pays : le gouvernement leur refusait tout cela, si bien que les ordres religieux étaient pour ainsi dire la seule carrière qui ne leur fût pas interdite. Hélas! pénétré comme nous le sommes des qualités éminentes du clergé français, instruction solide, parfaite convenance, mœurs irréprochables, piété fervente, nous n'oserions jamais le mettre en parallèle avec le clergé italien; aussi ne comprenons-nous pas que les gouvernements d'Italie aient pu accorder à ce dernier une si grande influence, à moins de supposer qu'ils n'aient espéré en faire un instrument de servilisme.

Milan et Venise manifestèrent, dès la fin de 1816, un levain d'indépendance. Ces échauffourées laissèrent des traces de sang.... Le malaise était déjà si général dans la Péninsule, à cette époque, qu'on regrettait les institutions larges, honnêtes et libérales de l'Empire français.

Victor-Emmanuel I, roi de Sardaigne et de Piémont, fut cause, par sa condescendance pour les nobles, des troubles qui agitèrent son règne. Il était bon, il aimait le peuple, mais il n'était pas de son siècle. Il laissa commettre des erreurs graves, parce qu'il avait des vues mesquines, étroites ; il laissa reconstruire peu à peu le vieil édifice, parce qu'il s'entourait de serviteurs intéressés à lui cacher la vérité, vendus à l'Autriche ou à l'ultramontanisme ; il suivit un régime de compression fatal, parce qu'il obéissait sans s'en apercevoir aux suggestions de ceux qui haïssent le peuple par principe, qui confondent à dessein le progrès et l'anarchie, qui imputent à la liberté les maux qu'ils provoquent eux-mêmes, et qui ne se doutent pas que le moyen infaillible de provoquer la révolution, c'est la compression... Au mois de novembre 1817, ayant rétabli en faveur des nobles les *fidéi-commis*, les droits de *primogéniture*, les *billets royaux* portant exemption de dettes, il aigrit la population et l'entraîna à la résistance ; dès lors les libéraux, partisans modérés des réformes paisibles et qui auraient voulu parvenir à recouvrer l'indépendance de l'Italie en combattant l'Autriche, se virent obligés de s'allier à la fois avec les *carbonari* et les *fédérés*, sociétés secrètes destinées à contre-balancer l'influence ténébreuse des *San-Fédistes*.

En 1820, Ferdinand IV, roi des Deux-Siciles, jugea convenable de retirer aux Siciliens la Constitution qu'il leur avait donnée en 1812. Une révolution terrible éclata presque en même temps à Palerme et à Naples. On s'en doute, l'intervention de l'Autriche les réprima bientôt ; mais le roi se vit obligé d'accorder à ses sujets le régime parlementaire.

Ce mouvement eut un contre-coup sur divers points de la Péninsule. A Turin, les libéraux publièrent, dans les premiers jours de janvier 1821, une adresse au roi ; elle parut en brochure, sous le titre de : *Dei Doveri dei Piemontesi*... Le 11, il y eut au théâtre une démonstration de la part des étudiants, en faveur des Grecs qui combattaient alors pour leur indépendance... Le lendemain, l'Université fut cernée par les troupes ; les étudiants se barricadèrent, on força les portes, et ces malheureux jeunes gens, sans armes, sans défense, furent en partie massacrés ! On ne saurait décrire l'impression que cette scène de carnage produisit sur la population piémontaise.

Les esprits s'étaient aigris. Les libéraux se mirent en rapport avec les patriotes des autres provinces d'Italie; une vaste conspiration se forma, et le prince de Carignan, Charles-Albert, cousin même du roi, fut mis à la tête des conjurés.

Nous avons insinué que la noblesse italienne s'était constituée le porte-étendard de l'indépendance ; effectivement les chefs de l'entreprise appartenaient tous, ou bien à l'aristocratie, ou bien aux lettres. Les chefs militaires travaillaient l'esprit de l'armée afin de l'engager à secouer le joug de l'Autriche. On remarquait parmi eux le comte de Santa-Rosa, le comte Lisio, le comte de Saint-Marsan, le marquis Caraglio, et autres, tous officiers supérieurs. On distinguait parmi les personnes de diverses conditions, des gens d'une notoriété reconnue par leur savoir, leur talent, et des noms qui ne tardèrent pas à devenir célèbres, notamment : le médecin Rattazzi, Baronis, Appiani, le chevalier Ansaldi, le comte Bianco, Nota, Manzoni, Silvio Pellico et Berchet. Ceux-ci voulaient une constitution, des libertés, des garanties civiles et des tendances moins obscurantistes.

Le 9 mars, les chefs militaires se rendirent dans les provinces pour faire soulever les troupes. Le 10, le comte Palma s'empara de la citadelle d'Alexandrie. Les libéraux et les étudiants participèrent à ce coup de main. Le 11, le comte Ferrero tenta sans succès une manifestation à Turin. Le 12, une malencontreuse proclamation par laquelle le roi menaçait le Piémont d'une invasion étrangère, vint électriser les habitants de Turin ; le peuple et les soldats font cause commune ; la sédition est maîtresse de la ville ; Charles-Albert empêche les révoltés de se porter à des violences contre leur souverain, puis il obtient du roi la promesse d'une constitution, et l'émeute s'apaise.

Sur ces entrefaites, un agent diplomatique arrive du congrès de Laybach, porteur de dépêches, annonçant que les Puissances signataires de la quadruple alliance sont résolues à maintenir intacts les principes qui avaient servi de base au traité de Vienne, et qu'elles s'apprêtaient à écraser par une intervention à main armée les menées révolutionnaires.

Victor-Emmanuel I, placé ainsi entre deux périls : se parjurer, ou courir le risque d'attirer sur ses États la colère des alliés dont l'Autriche était appelée à remplir les fonctions d'exécuteur des hautes-œuvres; Victor-Emmanuel I, disons-nous, abdiqua, le 13, en faveur de son frère, Charles-Félix, pour lors absent, et conféra la régence à Charles-Albert.

Les conjurés, espérant que ce prince répondrait mieux que Charles-Félix à leurs sentiments secrets, l'engagèrent vivement à s'emparer du trône. Sur son refus, ils soulevèrent de nouveau le peuple et contraignirent le régent à proclamer la constitution. Charles-Félix, à son arrivée, témoigna son mécontentement; il révoqua l'acte ci-dessus, rétablit les choses sur leur ancien pied; en outre, se sentant appuyé par l'Autriche, il exila Charles-Albert qui, peu de temps après, alla guerroyer en Espagne lors de la guerre de la constitution... Vainement l'armée piémontaise essaya-t-elle de résister aux Autrichiens: le droit divin fut sanctionné par les baïonnettes étrangères.

La Lombardie vénitienne, surprise par l'imprévu de la manifestation qui s'était produite en Piémont, n'avait pu y coopérer; mais elle paya bientôt sa dette de sang par cette malheureuse tentative de 1822, où périrent tant de nobles jeunes gens, les compagnons de Silvio Pellico, du comte Gonfalonieri et de Georges Pallavicino.

Durant un intervalle de quelques années, Rome, Parme, Modène, Pavie, Milan, Venise, furent tour à tour le théâtre d'une foule d'exécutions prévôtales; il en fut de même à Salerne, où l'insurrection de 1828 prit des proportions menaçantes.

La révolution de 1830 réveilla un instant les espérances de l'Italie. En 1831, de même qu'en 1841, le sang coula dans les rues de Bologne. A Naples, les bagnes ne désemplissaient pas; on y mettait pêle-mêle, avec les forçats, des victimes comme le baron Poërio, le comte Ricciardi, de Luca, Spaventa, Nicotera, etc.

D'un autre côté, l'avénement de Charles-Albert au trône du royaume sarde, en 1831, avait ranimé l'ardeur des patriotes; la vigilance et les rigueurs de l'Autriche firent avorter leurs efforts.

On connaît l'expédition des frères Bandiera sur la Calabre. Le 16 juin 1844 ils débarquaient à l'embouchure du fleuve Noto, près de Crotone, suivis d'une poignée d'amis dévoués. Dénoncés par un traître, ils furent cernés par les troupes napolitaines. Ceux qui ne périrent pas dans ce combat inégal furent capturés. Le 25 juillet, les frères Bandiera sortaient de la prison de Cosenza avec sept de leurs compagnons, pour marcher au supplice. Ils moururent en héros!

En 1847, les révoltes furent encore plus nombreuses dans les Deux-Siciles que les années précédentes. Certain Calabrais, du nom de Domenico Romeo, parvint à organiser un plan général de soulèvement. Les révoltés précipitèrent trop leur attaque. Reggio fut bombardée; Gérace vit une série d'exécutions militaires; Messine soutint une lutte de plusieurs heures contre la garnison; Domenico Romeo tomba dans un piége où il fut assassiné, et 48 condamnés à mort échappèrent à la peine capitale parce que le gouvernement eut peur.

Sur ces entrefaites, la conduite de plus en plus énergique de Charles-Albert vis-à-vis de l'Autriche, l'élection de Pie IX au trône pontifical, les réformes que ce souverain pontife avait introduites dans l'administration des États de l'Église, les améliorations adoptées de plein gré par l'archiduc Léopold, en Toscane, causèrent à l'Italie une surexcitation fiévreuse, délirante.

Le 14 décembre, toute la population de Naples descendit dans les rues pour demander à cor et à cri une constitution. Il y eut bien quelques arrestations, néanmoins la police n'osa passer outre... Le 12 janvier 1848, Palerme se déclare en insurrection. Des troupes commandées par le comte d'Aquila, frère du roi, attaquent la ville. Résistance des habitants. Bombardement de Palerme. Protestation des consuls. Concessions insignifiantes de la part de Ferdinand II. La lutte se poursuit à outrance jusqu'au 28 janvier, jour où les troupes royales, de guerre lasse, abandonnent leurs positions autour de la ville... Le ministre de la police, Del Caretto, s'enfuit de Naples le 25 janvier, effrayé de l'agitation qui se déploie et qu'il a suscitée. Le 27, immense manifestation. Le 29, le roi promulgue la constitution. Les Siciliens ne l'acceptent pas. Messine est assiégée par le général Filangirei. Prise de cette ville. Palerme proclame la déchéance des Bourbons et l'affranchissement de la Sicile.

Cependant nous approchons à grands pas des événements de 1848-49. Nous allons essayér de les raconter en quelques mots écrits au courant de la plume.

Les alliés tenaient Charles-Albert en suspicion. Ce prince, feignant de s'être laissé clouer sur son trône comme sur un pilori, s'occupa de réformes intérieures, rétablit les finances de l'État, réorganisa l'armée; puis, au moment où l'Autriche s'y attendait le moins, il reprit l'attitude qui convenait à un descendant de Philibert-Emmanuel. A vrai dire, il fut excité par les généreuses exhortations d'un groupe de personnages envers lesquels l'Italie ne pourra jamais acquitter sa dette de reconnaissance; nous parlons de Gioberti, du comte César Balbo, du comte Santa-Rosa, du marquis d'Azeglio, du comte Camille de Cavour, du colonel Durando, de MM. Brofferio, Sineo, etc.

Le vice-roi du royaume lombard-vénitien, guidé par son mauvais vouloir contre le Piémont, avait décrété certaine mesure fiscale relative aux rapports commerciaux qui avaient lieu entre les deux États par la ligne douanière commune. Cette mesure causait un préjudice considérable aux agriculteurs, à la classe laborieuse, à l'industrie et au négoce piémontais. Devant les conséquences funestes de cet édit, la nation entière exprime la plus violente irritation. Charles-Albert, qui avait contenu jusqu'alors la haine dont il était animé contre l'Autriche, sentit, à cette manifestation de l'opinion publique, que le pays ne lui ferait pas défaut et que l'heure était propice pour lui, souverain, de régénérer l'Italie par la révolution elle-même. Le premier indice de cette grave décision fut un manifeste inséré par son ordre dans la *Gazette officielle* du 2 mai 1846. La hauteur, la fermeté, la dignité courageuse de ce langage étonnèrent la nation qui se rappela aussitôt ce que Charles-Albert avait promis à l'Italie tandis qu'il était prince de Carignan. Néanmoins, les relations officieuses ne furent pas encore suspendues entre l'Autriche et le Piémont. De part et d'autre on se préparait en silence au combat.

L'Italie, agitée en sens divers par ce calme lugubre qui précède ordinairement la tempête, apprit avec émotion la mort du pape Grégoire XVI. Le parti révolutionnaire, de peur de provoquer des actes coërcitifs du fait des puissances absolutistes, fit preuve de sagesse dans cette circonstance délicate ; bien qu'il eût conçu l'espérance d'obtenir un adoucissement aux souffrances endurées par le peuple, il eut soin d'empêcher toute démonstration intempestive. Le 16 juin 1845, le cardinal Mastaï Feretti, évêque d'Imola, fut acclamé sous le nom de Pie IX. Cette élection était le fruit d'un accord tacite entre les libéraux et les catholiques sincères. Le nouveau Souverain-Pontife n'ayant aucun précédent fâcheux envers le parti libéral et offrant toute garantie aux partisans du Saint-Siége par ses principes rigides tout autant que par sa profonde piété, personne n'avait soupçonné en lui des dispositions à entrer dans la voie des réformes.

Pie IX annonça, au début, l'intention de porter la cognée sur les institutions décrépites du gouvernement papal. Par malheur, si ce pape est doué d'un immense amour de l'humanité, d'une tendresse de cœur inépuisable, il manque du génie politique, de la grandeur de caractère indispensables pour mener à bonne fin une entreprise si grandiose. Les acclamations populaires, l'enthousiasme de l'Italie lui furent douces ; et pourtant il céda peu à peu devant les exigences de son entourage. C'est ainsi que le fatal « NON POSSUMUS » s'échappa de ses lèvres........ Déception !!...

Un mois environ après son exaltation au trône pontifical, c'est-à-dire le 18 juillet 1846, Pie IX proclama l'amnistie. L'année fut consacrée à la réalisation d'une foule de tentatives utiles. De toute part retentissait le cri de : *Vive Pie IX !* On regardait le pape comme le futur libérateur de l'Italie. Les yeux de l'Europe entière se reportaient sur Rome avec un enthousiasme avide... Le grand-duc de Toscane, Léopold II, qui avait gagné l'amour de ses sujets par sa conduite paternelle, suivit de son plein gré l'exemple du pape en dotant la Toscane d'institutions libérales... Charles-Albert, marchait encore plus résolûment dans la voie qu'il s'était tracée... Florestan II accordait une constitution à sa principauté de Monaco. Enfin, l'exemple donné par Pie IX réagit sur plusieurs États de l'Italie, car la Sicile, Naples, Modène, Parme eurent successivement leurs manifestations progressistes.

L'Europe avait donné un retentissement extraordinaire aux premiers actes de Pie IX. Le Souverain-Pontife craignit d'entraîner aux abîmes la papauté, l'Église et la monarchie. Des inquiétudes l'envahirent ; la réaction, s'appliquant habilement à regagner le terrain perdu, augmenta ses appréhensions ; le rôle qu'il avait commencé à jouer l'épouvanta ; il hésita un instant à retourner sur ses pas ; mais, le 15 mars 1847, eut lieu une mesure où perçait son intention formelle de prêter l'oreille aux tendances réactionnaires. Nous parlons ici du rétablissement de la censure, décret qui provoqua, le 17 juillet suivant, des rumeurs violentes et amena la découverte d'un complot militaire ; aussi la formation de la garde nationale fut-elle concédée immédiatement.

Le narrateur, forcément obligé d'abréger le récit, n'indiquera plus que le sommaire des grandes pages historiques qui ont trait à une époque si accidentée.

L'Autriche, alarmée de la position de plus en plus forte que l'esprit révolutionnaire prenait en Italie, ordonne à ses lieutenants, les ducs de Modène et de Parme, d'entrer en lice sans déclaration préalable. En conséquence, les troupes autrichiennes s'emparèrent de Ferrare (États de l'Église), sous prétexte de protéger le Souverain-Pontife contre les séditieux. Cette coupable violation du droit des gens porta au comble l'exaspération du peuple italien et n'obtint même pas l'approbation de Pie IX.

L'occupation avait motivé une protestation de la part du légat-gouverneur ; elle fut donc de courte durée. Mais le 25 juillet, les Autrichiens, commandés par le général Welden, passèrent une seconde fois le Pô, s'emparèrent de Bologne, et encore de Ferrare, disant que le pape n'avait pas la liberté de manifester ses vœux, contraint qu'il était par la révolte de ses sujets. Chemin faisant, ils s'avisèrent de mettre le feu à Sermide.

Nouveaux troubles à Rome dès qu'on eut connaissance de ces événements néfastes.

15 novembre, assassinat, à Rome, du ministre Rossi.

Voici qu'une indicible stupeur envahit l'Italie entière. Le Pape a quitté Rome, dit-on, le 23 décembre... En effet, la camarilla avait si bien réussi à perturber l'imagination du Souverain-Pontife, à lui présenter sous un aspect sinistre les dangers dont elle le prétendait entouré, qu'il résolut de se réfugier à bord d'un navire français en rade de Civita-Vecchia, sur lequel le ministre de France, le comte d'Harcourt, lui avait offert de le recevoir. Cependant, au moyen d'un subterfuge assez peu honorable, le comte Arnao, chargé d'affaires de l'Espagne, le comte de Spaur, résident de Bavière et agent secret de l'Autriche, enfin le cardinal Antonelli lui-même, conduisirent Sa Sainteté à Gaëte, ville forte du territoire napolitain, au lieu de le mener à Civita-Vecchia. Pie IX parut se résigner à son sort et l'accepter comme un arrêt de la Providence, bien que cet enlèvement fît éprouver à l'Europe la plus violente appréhension. Un cabinet, nommé ultérieurement par le Pape, ne crut pas devoir assumer la responsabilité des affaires en cette circonstance critique, de sorte que le pouvoir tomba aux mains des hommes du mouvement.

Tandis que Naples et la Sicile levaient ouvertement l'étendard de la révolte dès les premiers jours du mois de janvier 1848, les principales villes du royaume lombard-vénitien, Venise, Padoue, Vicence, Milan, Brescia, Bergame, Trévise et Pavie témoignèrent leur mécontentement contre l'Autriche par des scènes de tumulte fréquemment renouvelées, et toujours terminées par le meurtre d'une foule de citoyens inoffensifs.

Le 8 février 1848, Charles-Albert octroie une constitution libérale aux États sardes. Cette munificence royale est accueillie par des transports d'allégresse.

La Toscane imite l'exemple du Piémont (15 février).

21 février, proclamation de la République à Paris... Explosion révolutionnaire en Italie.

Le 4 mars, à Turin, manifestation enthousiaste en faveur de la guerre contre l'Autriche.

Le 15 mars, le gouvernement romain promulgue la constitution.

Le même jour, la révolution éclate à Vienne, capitale de l'Autriche.

Milan s'insurge, le 17, sous la conduite de Casati, Nazzarri, Terzaghi, Cataneo, Cernuschi, Litta, Poro, Guerrieri, Borgia, etc. Cette ville expulse les Autrichiens après trois journées de lutte, et proclame un gouvernement provisoire. Brescia, Bergame, Pavie, chassent leur garnison.

Le 16 mars, des attroupements se forment à Venise pour faire une démonstration publique en l'honneur de Manin et de Tommaseo, incarcérés par la police autrichienne. Le 17, la foule réclame et obtient l'élargissement des prisonniers. Le mouvement se prononce sous la direction de Manin, de Tommaseo, de Morosini, de César Cantu, de Zanetti-Zucchi, Camerata, Paleocapa et Castelli. Le 20, un gouvernement provisoire, à la tête duquel se trouvait Daniel Manin, contraint la garnison de s'embarquer pour Trieste.

Charles-Albert déclare la guerre à l'Autriche, le 23 mars. Il passe le Tessin le 26, et ouvre la campagne dite de l'*Indépendance*.

Les duchés de Modène et de Parme s'insurgent, chassent leurs souverains et s'annexent au Piémont, le 19 avril.

28 juin et 4 juillet, la Lombardie, d'abord, la Vénétie, ensuite, font cause commune avec le Piémont.

Le 11 juillet, la Sicile appelle au trône le duc de Gênes. Refus de la part de Charles-Albert.

Le commencement de la guerre se présenta sous d'heureux auspices pour les Piémontais. La plupart des gouvernements de la Péninsule, même celui de Naples, fournirent un contingent pour combattre les Autrichiens. Cependant l'armée piémontaise perdait le temps en marches et contre-marches; elle fit des tentatives inopportunes sur des places fortes qu'elle aurait dû attaquer beaucoup plus tôt. Radetzki sut profiter habilement de ces fautes et de cette fatale indécision. Ayant concentré ses forces et celles de Nugent, il prit l'offensive. Après une série de succès qui amenèrent la capitulation de Milan, il signa, le 8 août, un armistice plus avantageux pour lui que ne l'eût été la victoire la plus éclatante. Garibaldi tenta inutilement de prolonger la lutte sur les hauteurs de Varèse avec sa colonne de volontaires; la vaillance dut céder au nombre et à la mauvaise fortune... En historien consciencieux, nous n'affirmerons pas que les généraux piémontais aient tous fait preuve d'une parfaite entente de la guerre; en revanche, nous dirons que les soldats italiens déployèrent un courage héroïque dans cette triste campagne.

Durant la suspension des hostilités, les parties belligérantes ouvrirent des négociations dont l'insuccès était prévu. Charles-Albert réorganisa son armée, les finances ainsi que l'administration intérieure de ses États. Radetzki redoubla d'activité.

Venise, après la reddition de Milan, ne comptait plus guère sur le Piémont; elle se constitua en république le 10 août 1848.

Le 9 février 1849, Rome adopte le gouvernement républicain avec une Junte suprême qui fut remplacée quelques mois plus tard par le triumvirat d'Armellini, Aurelio Saffi et Mazzini.

Le grand-duc de Toscane ayant pris la fuite, Florence adopta aussi la forme républicaine, le 18 février, et confia le pouvoir à Montanelli, Guerrazzi et Mazzoni.

L'armistice conclu par Charles-Albert avec l'Autriche fut rédigé avec une telle négligence et avec si peu d'entente de la guerre, que les populations accourues à la défense du Piémont furent sacrifiées au ressentiment du terrible Radetzki. La nation piémontaise en fut péniblement affectée; elle ne cessa donc de pousser derechef à la guerre, bravant toutes les conséquences qui pouvaient en survenir. Le roi eut la main forcée; d'ailleurs les Autrichiens violèrent la convention en imposant des contributions interdites par les termes du traité.

Le 12 mars 1849, Charles-Albert expédia aux puissances un manifeste tendant à justifier la dénonciation de l'armistice et la reprise des hostilités. La défaite de Novare (23 mars) nécessita son abdication en faveur de Victor-Emmanuel II, son fils aîné, et mit fin à la guerre.

A la reprise des hostilités, les troupes autrichiennes avaient abandonné Parme et Modène pour rejoindre le gros de l'armée. Le 14 mars, le duc Charles-Louis, de Parme abdiqua en faveur du prince Charles, son fils.

Par suite du désastre de Novare, les provinces italiennes retombèrent dans la servitude. Le parti de la réaction rappela l'archiduc Léopold en Toscane. Les Autrichiens, après avoir réoccupé Parme et Modène, firent leur entrée triomphante à Florence le 25 mai.

L'armée victorieuse, poursuivant le cours de ses succès, somma Venise de se rendre. Le dictateur Manin fit une réponse digne de son beau caractère. Le général Haynau, chargé des opérations contre

Venise, ouvrit la tranchée le 30 avril. L'attaque dirigée contre le fort de Malghera donna lieu à la plus vive résistance. Le siége se transforma en blocus. Enfin, la ville dut capituler le 24 août, après quatre mois d'une défense admirable, et seulement lorsque la famine vint à sévir contre une malheureuse population décimée par la mitraille, ravagée par le choléra... Ce siége suffirait pour immortaliser Venise dans l'histoire ! ! ! . . . .

. . . .

. . En Sicile, les patriotes avaient également succombé. Catane, assiégée le 29 mars par le général Filangieri, fut bombardée par terre et par mer. La légion polonaise du général Miérolawitz se couvrit de gloire en défendant cette cité populeuse. Les habitants ne se rendirent que lorsque la ville fut devenue la proie des flammes. Les Palermitains, consternés par ces effroyables exécutions, eurent bien deux ou trois engagements avec les troupes royales; mais ils entrèrent en pourparlers le 9 mai avec le général Filangieri, qui acheta leur soumission par la promesse d'une amnistie pleine et entière . . . . .

. . . .

La république romaine était encore debout. Les Autrichiens avaient repris leur ascendant sur l'Italie. Le gouvernement français, craignant que la restauration du Pape ne s'effectuât par l'intervention de l'Autriche, ce qui eût placé presque toute la Péninsule sous la domination de la cour de Vienne, résolut d'intervenir à son tour. Nous n'avons pas à exprimer ici notre sentiment sur cette expédition, pas plus que sur la manière dont elle fut conduite; nous rapportons des faits.

Ne s'imaginant pas que les Français fussent hostiles à la république romaine, le préfet de Civita-Vecchia ne leur opposa aucune résistance. Après les dispositions nécessaires pour assurer l'occupation de cette place, le général Oudinot marcha sur Rome. Tentatives infructueuses de négociations. Le 1er mai, le général Oudinot s'étant porté en avant avec une forte colonne à l'effet de tenter l'assaut sur les derrières des jardins du Pape, cette colonne fut repoussée par l'artillerie des remparts pendant que les éclaireurs de Garibaldi faisaient essuyer un échec aux tirailleurs français. Il fallut ouvrir un siége en règle. A la vérité, nos troupes eurent des ménagements pour la ville immortelle. Les assiégés, de leur côté, ne manquèrent pas de générosité. Lorsque les Français eurent emporté le bastion Saint-Pancrace, la résistance devint impossible. Les triumvirs abdiquèrent et la ville se rendit. Un corps de troupes espagnoles était venu se joindre à nous pendant le siége; sa présence n'offrit rien de particulier. Il n'en fut pas tout à fait de même d'une forte division napolitaine commandée par le roi Ferdinand II, en personne. Garibaldi battit les Napolitains en deux rencontres, à Velletri ainsi qu'à Palestrino, les mit en pleine déroute et faillit s'emparer du roi...

La défaite du Piémont, la chute de Rome, la prise de Venise, le triomphe du roi *Bomba*, la restauration des ducs et archiducs permit à l'Autriche de couvrir l'Italie d'un voile de deuil, de la traiter en pays conquis, et de l'étendre de nouveau sur le lit de Procuste. Ces cruautés inutiles, ces violences injustes devaient se payer un jour, c'est-à-dire *en deux fois*.....

III.

L'Italie a été trop malheureuse, ses souffrances ont duré trop longtemps pour qu'on ait le droit de se montrer sévère envers les patriotes qui versèrent leur sang pour sa délivrance; mais il est permis de ne pas approuver sans réserve la conduite qu'ils ont tenue en certaines occasions solennelles.

Il est fâcheux que les Italiens aient adopté trop de nuances dans leurs principes, ce qui les divise; de même, il est à regretter qu'ils ne sachent pas se désister à propos de certaines prétentions, ce qui les porte souvent à s'allier avec leurs ennemis pour se retourner contre leurs alliés naturels.

On les accuse d'être ingrats... Ingrats : non!... Méfiants : cela se pourrait bien un peu... Mais ne sont-ils pas excusables? L'infortune aigrit le caractère, et les revers rendent soupçonneux.

Semblables à ces bardes qui s'enivrent au charme de leurs rêves et qui veulent toujours faire de la poésie, les Italiens vivent volontiers au sein des nuages. Les souvenirs ont sur leur imagination un prestige qui les électrise, mais qui les éblouit et les aveugle. Ce n'est point par des chants, par des fêtes, par de bruyantes clameurs que l'on acquiert la liberté... Le calme, c'est la force; le bruit, c'est la faiblesse.

Et puis, pourquoi ces idées de clocher? Pourquoi ces idées municipales, bornées par l'enceinte d'une ville? Pourquoi cette rivalité jalouse, haineuse contre le Piémont, qui a recueilli les épaves de la nationalité italienne après son naufrage? Est-ce qu'ils ne seraient plus vos frères, parce qu'ils se sont préservés des humiliations que vous avez subies?... Italiens, je le demande : combien devez-vous avoir de patries? Une seule, n'est-il pas vrai? Eh bien! plus de Vénitiens, plus de Lombards, de Siciliens, de Toscans, de Milanais, de Romagnols, de Napolitains: rien que des Italiens...

Ah! vous avez eu raison de penser que vos princes d'autrefois seraient frappés d'impuissance et qu'ils tomberaient d'eux-mêmes dès que la domination étrangère ne les soutiendrait plus. Oui, vous avez bien fait de conserver précieusement les sentiments qui fermentent au fond de votre âme depuis des siècles; mais ne dites pas que les princes sont incapables de servir la cause des peuples, car ce sont eux qui fondent les nationalités; or, sans nationalité, pas de liberté, pas de peuples!... Vous vous croyez mûrs pour la République : vous êtes trop vieux. Rajeunissez-vous par l'indépendance, et nous verrons après... Ne dites plus, surtout, qu'on a voulu appeler trop d'Italiens à sauver l'Italie; vous seriez taxés d'égoïsme à juste titre, parce que vous n'avez pas le droit de deshériter vos frères de leur propre famille... Et puis, vous imagineriez-vous, par hasard, qu'ils soient trop nombreux, les cœurs chauds, les bras vigoureux, les esprits sagaces et dévoués, pour défen-

Le comte de Bismark.

dre la patrie commune et pour délivrer Venise?... Ne soulevez donc pas la question d'antagonisme entre la monarchie constitutionnelle et la liberté; l'heure n'est pas venue. Attachez-vous, plutôt, à détruire ces tendances oligarchiques qui vous pousseraient à des bouleversements funestes, présages de ruine... Vous avez un allié qui vous aime, — il vous l'a prouvé; — vous avez un roi qui a payé pour vous de sa personne, vous le savez aussi; eh bien, c'est en songeant aux services qu'ils vous ont rendus que vous comprendrez vos devoirs envers eux. . . . . . .

IV.

Actuellement jetons un coup d'œil rapide sur les événements qui ont signalé le grand mouvement de 1859, en Italie.

Conformément aux résultats issus de la campagne de 1849, l'Autriche dominait sur le royaume lombard-vénitien; ses archiducs possédaient la Toscane et le duché de Modène; les Bourbons régnaient à Naples et à Parme; le Pape avait été replacé sur le trône pontifical, par le corps d'occupation de Rome, de sorte que les États de l'Église reconnaissaient son autorité; enfin, Victor-Emmanuel II régnait sur les États sardes.

Le parti révolutionnaire, quoique vaincu, reprit bientôt des forces. N'eût été la pression de l'Autriche, n'eût été la présence des Français à Rome, l'Italie aurait accusé, dès 1852, des signes non équivoques de virilité.

Si juste que soit une cause, l'habileté ne lui est pas interdite. De ce point de départ, les patriotes comprirent qu'ils avaient eu tort de se diviser en 1849 et qu'un point d'appui leur était indispensable; de même, Victor-Emmanuel sentit qu'il avait besoin d'une alliance solide.

A part quelques émeutes à Milan, à Venise, en Sicile, à Naples, et parmi les principales villes de l'intérieur de la Péninsule; à part certaines manifestations que les Français comprimèrent à Rome, la tranquillité de l'Italie ne fut pas troublée jusqu'à la fin de 1858. Cependant, certains indices dénotaient une agitation contenue à grand'peine: en un mot, le baromètre politique était à l'orage.

Charles-Louis de Bourbon, duc de Parme, Plaisance et Guastalla, avait abdiqué, comme nous l'avons dit précédemment, en faveur du prince Charles, son fils, le 14 mars 1849. Ce dernier était marié à Louise-Marie-Thérèse de Bourbon, fille du duc de Berry et sœur du comte de Chambord, ce qui ne l'empêchait nullement de mener une vie fort dissolue. Le 27 mars 1854, au sortir d'une rue mal famée, un soldat, son rival, l'assassina en plein jour. Des mesures de précaution ayant été prises par les Autrichiens pour que cet attentat n'eût pas de suites, la princesse Marie fut investie de la tutelle du prince Robert, son fils mineur.

La politique de M. de Cavour portait déjà ses fruits. En 1850, chargé du portefeuille de l'agriculture et du commerce, cet homme d'État s'efforça, tout en préparant des traités commerciaux avec les différentes nations de l'Europe, d'amener graduellement les États sardes à l'adoption des réformes jugées les plus essentielles. Nommé, en outre, ministre des finances en avril 1851, il s'attacha à réorganiser le *Trésor* et le *Crédit* publics : l'un, entièrement épuisé; l'autre, complétement détruit par les derniers désastres de la guerre. Nommé président du conseil, en 1852, il sut procurer à son pays, par des négociations conduites avec une remarquable habileté, un auxiliaire qui ne lui fit pas défaut le jour du danger : la France... Par ses soins, le Piémont rentra dans le concert européen; l'armée piémontaise fut admise à combattre côte à côte avec l'armée française pendant la campagne de Crimée (1855); il s'établit des rapports affectueux entre les deux nations; Napoléon et Victor-Emmanuel se lièrent d'une étroite amitié; enfin, le cousin de l'Empereur des Français, le prince Napoléon, épousa la fille du roi des États sardes.

La ligne politique de M. de Cavour consistait, avant tout, à faire respecter son pays aussi bien à l'intérieur qu'à l'étranger. S'il voulait l'indépendance et l'autonomie de l'Italie, il voulait aussi que nulle autorité ne pût contre-balancer ou entraver l'action du gouvernement alors que ce dernier ne s'écartait pas de la légalité, et il s'opposait de toutes ses forces à ce que le clergé fût une puissance dans l'État. Personne n'a oublié quelles tempêtes la question de *la Réforme des Communautés religieuses*, de même que *le séquestre des biens du clergé* soulevèrent contre lui au sein de la presse et sur les bancs des deux chambres; pourtant sa ténacité, sa persévérance, sa haute raison, le firent triompher...

Le clergé ne vit pas, sans un profond sentiment de douleur, porter atteinte à ses priviléges; la cour de Rome éprouva plus que du chagrin, — nous n'osons pas dire l'envie de se venger, — en voyant tarir la source du *Denier de Saint-Pierre;* l'Autriche sentit des bouffées de rage lui monter au cerveau en reconnaissant que la main exercée du ministre piémontais guérissait les unes après les autres les blessures de son pays.

L'Italie n'assistait pas sans émotion à ce spectacle significatif et imposant ; elle frémissait dans ses entrailles, elle se contenait avec effort; mais elle ne sut cacher ni les espérances qu'elle avait conçues, ni les projets qu'elle méditait... Les princes, le pape, l'Autriche, se mirent d'accord et se tinrent prêts à entrer en lutte, décidés à saisir le premier prétexte venu pour rompre la glace... Le Piémont, justement alarmé, se mit sur la défensive, occupa la frontière, remplit les cadres de l'armée, fit appel au patriotisme de la nation et attendit de pied ferme l'ennemi... L'Autriche, qui avait rassemblé 200,000 hommes en Styrie, en Istrie, dans le royaume lombard-vénitien, sur les rives du Pô et le long du Tyrol, intima d'un ton altier au Piémont l'ordre de désarmer sous trois jours... Réponse négative... Les armées s'avancent l'une contre l'autre; l'Italie va se trouver de nouveau transformée en un vaste champ de bataille!.. . . . .

V.

En 1850-52, l'Autriche avait nui à la Prusse et l'avait humiliée. En 1855, elle paya d'ingratitude la Russie qui l'avait sauvée lors de la révolution de 1848-49. En cette occurrence, elle ne devait avoir aucun allié.

La France ne pouvait tolérer que l'Autriche accrût son influence sur l'Italie; que la division d'occupation, à Rome, fût compromise; que les limites de 1815 fussent dépassées, les Alpes envahies et nos frontières menacées. L'Empereur lança donc son armée au secours de l'Italie par Suse et par Gênes, ensuite il partit pour en prendre le commandement... Cette démarche, aussi favorable qu'inattendue pour l'Italie, électrisa les populations de la Péninsule, et l'arrivée de Napoléon sur la terre italienne fut saluée par un formidable VIVAT ! ! !

L'armée autrichienne, commandée par Giulay, avait passé le Tessin, le 29 avril ; déjà elle ravageait les environs de Novare et de Vignano, lorsque les alliés marchèrent à sa rencontre.

20 mai 1859, bataille de Montebello.

30 et 31 mai, San-Martino et Palestro.

4 juin, Magenta. Entrée triomphale à Milan.

Garibaldi fait une diversion sur Bergame.

8 juin, Marignano.

24 juin, Solferino.

Peu de jours avant cette dernière bataille, l'empereur d'Autriche, François-Joseph, était venu, avec des renforts considérables, se mettre à la tête de se troupes afin de relever leur moral abattu. Témoin de leur bravoure et de leur défaite, il demanda une entrevue à Napoléon. — Conférences. — Armistice. — Paix de Villafranca (11 juillet), confirmée par le traité de Zurich.

On a reproché à Napoléon, — notamment les Italiens, — de ne pas avoir profité de ses victoires pour marcher sur Venise et affranchir la Vénétie. Nous démontrerons, au chapitre suivant, que la conduite de l'Empereur, eu égard à certains incidents survenus à ce moment, fut celle d'un général habile et d'un souverain profondément politique. On doit l'admirer de ne pas s'être risqué à perdre inconsidérément le fruit de ses succès et de n'avoir pas joué le sort de l'Empire sur un coup de dé.

On a blâmé aussi les tendances du traité de Zurich, comme cherchant à rapprocher des éléments aussi opposés que l'eau et le feu. La base du traité reposait, il est vrai, sur une donnée qui flattait quelques aspirations italiennes tout en froissant d'autres vœux ; mais c'était un *mezzo termine* qui offrait l'avantage de ne rien brusquer, de ménager les susceptibilités, d'accorder une fiche de consolation aux vaincus, d'ouvrir la porte à la réconciliation, — si c'était possible, — de rassurer l'Europe, le catholicisme, et, tranchons le mot, de voir venir les événements. En politique, il est une règle impérieuse : « *Festina lente!* » Ne faut-il pas savoir planter à propos des jalons ? La méthode expérimentale n'est-elle pas la plus sûre ? ne doit-on pas procéder du connu à l'inconnu ? Lorsqu'on a un long parcours à faire, n'est-il pas prudent d'établir des relais ?... Eh ! qui vous dit qu'en accédant à l'idée d'une Confédération placée sous la présidence du Pape et qui eût été composée de l'Autriche amoindrie, du Piémont agrandi, des Princes restaurés, des États de l'Église et du royaume des Deux-Siciles, Napoléon n'ait pas eu l'intention de mettre l'Italie en demeure de formuler nettement son opinion, ainsi que cela s'est produit un peu plus tard ?... Pour notre compte, nous affirmons avoir connu des hommes éminents, d'un patriotisme éprouvé, — entre autres le tribun Montanelli, le professeur Ferrari, l'écrivain comte Ricciardi, le savant de Luca, l'économiste D'Ondès-Reggio, et *tutti quanti !* — qui eussent accepté volontiers une fédération,..... pourvu qu'on eût changé les noms propres et les formes. Mais, à courir trop vite on se casse le cou, et à regarder les étoiles on se laisse choir dans un puits... Quant aux traités, ces sortes de pièces se délivrent en double expédition ; l'une des parties contractantes est toujours libre de déchirer son titre après avertissement préalable et sommation voulue, s'il y a lieu.

Reprenons notre chronologie.

Le grand-duc Léopold s'étant enfui de Florence le 27 avril, la Toscane se plaça sous la protection de Victor-Emmanuel. Modène, Parme et Plaisance, débarrassées de leurs ducs, en firent autant les 8, 11 et 12 juin. Ces États se formèrent en gouvernements provisoires à la tête desquels on plaça : le baron Ricasoli, à Florence (1er août) ; Farini, à Modène, Parme, Plaisance (27 juillet, 18 août) ; et Cipriani, à Bologne (2 août), une partie des Romagnes ayant fait une manifestation du même genre. Quoique ces provinces eussent adopté, du mois d'août au mois de septembre, des dispositions administratives tendant à les réunir sous la dénomination d'Italie-Centrale et qu'elles eussent déclaré formellement vouloir s'annexer aux États sardes, Victor-Emmanuel, par respect pour ses engagements et aussi par prudence, ne permit pas qu'un seul de ses soldats entrât sur leur territoire. Le même sentiment de délicatesse lui fit interdire au prince de Carignan d'accepter le titre de Régent. Sur ce refus formel, l'Italie-Centrale se divisa en deux provinces : la Toscane et l'Émilie, cette dernière formée par la réunion de la Romagne aux duchés de Modène, Parme, Plaisance, Guastalla. Le célèbre Buoncompagni fut revêtu des attributions de gouverneur général. M. de Cavour, bien qu'il ne parût pas s'en mêler officiellement, dirigeait ces transformations successives. Par ses conseils, l'Italie-Centrale adopta toutes les formes administratives et judiciaires en vigueur au Piémont ; c'est pourquoi, lorsque les événements permirent à Victor-Emmanuel d'agréer le vœu des populations, l'annexion de l'Italie-Centrale aux États sardes put s'opérer sans aucune espèce de désordre, l'assimilation étant déjà consommée de fait.

On avait eu recours au suffrage universel. Le vote de la Toscane, transmis au roi Victor-Emmanuel le 16 mars 1860, fut accepté par le souverain le 22 du même mois. Déjà, celui de l'Émilie, présenté le 14, avait été sanctionné le 18... L'Empereur Napoléon donna son adhésion à cette augmentation de territoire et prit l'engagement de la soutenir par les armes, ce qui valut à la France le traité du 24 mars, portant cession du comté de Nice et de la Savoie. L'homme d'État qui avait préparé ces négociations, — M. de Cavour, — eut le noble courage d'en endosser la responsabilité vis-à-vis de l'Italie.

Afin de n'avoir aucun reproche à encourir de la part des Puissances, la cour de Turin s'était longtemps abstenue de toute démarche ayant pour but de favoriser, par excitation ou par connivence, le soulèvement de l'Italie méridionale. Ce que l'homme d'État n'osa pas entreprendre, le patriote le conçut et l'exécuta. Ici, nous devons avouer que le gouvernement italien eut connaissance de ce projet, mais lorsqu'il n'était plus possible de s'y opposer sans s'exposer à un mécontentement général. Ajoutons, aussi, qu'il n'y prêta nullement la main en principe, qu'il en laissa toute la charge à son auteur et lui fit entrevoir qu'il le désavouerait, le cas échéant.

Ferdinand II, roi des Deux-Siciles, étant mort le 22 mai 1859, la couronne passa sur la tête de son fils, François II. Ce jeune prince ne crut pas pouvoir mieux faire que de marcher sur les traces de son prédécesseur, en contractant avec l'Autriche une étroite alliance et en continuant le régime de terreur dans lequel était plongé le royaume.

Le 4 avril 1860, éclata en Sicile une vaste insurrection, à laquelle Messine, Catane, Palerme et plusieurs autres villes du littoral prirent part. Les insurgés, après quelques rencontres avec les troupes royales, se débandent et pénètrent dans l'intérieur de l'île, à l'effet d'entretenir la sédition... Tout à coup Garibaldi, débarqué à Marsala le 10 mai à la tête d'une poignée de monde, opère sa jonction avec les révoltés, bat les Napolitains le 15 et le 16 mai, prend la dictature de l'île au nom de Victor-Emmanuel, malgré le désaveu du gouvernement, s'empare de Palerme le 27 et poursuit le cours de ses victoires. Enfin, l'île entière lui appartient, à l'exception de Messine, devant laquelle il a l'audace de venir mettre le siége avec des troupes irrégulières, moins nombreuses que les soldats royaux.

A la nouvelle de cette fabuleuse expédition, Naples osa se livrer à des transports de joie désordonnés. Le péril croissait de jour en jour, d'heure en heure, pour François II. Ce prince chercha vainement à apaiser le peuple par la promesse d'une constitution; il ouvrit des négociations avec la cour de Turin; mais sur ces entrefaites, ayant appris que Garibaldi, qui s'était emparé de Messine (28 juillet), venait de débarquer en Calabre et marchait sur Naples, il quitta sa capitale pour se retirer derrière les murs de Capoue.

Le peuple s'était prononcé en faveur du mouvement insurrectionnel; une partie de l'armée fraternisa; l'autre restait indécise; les autorités bourbonniennes avaient pris la fuite; alors la junte municipale prépara une ovation au LIBÉRATEUR, et Garibaldi fit son entrée à Naples le 7 septembre, accompagné seulement de ses trois aides-de-camp et de son ami, le docteur Bertani, médecin en chef de l'armée expéditionnaire, le véritable intendant, le véritable organisateur, — administrativement parlant, — des corps auxquels on doit l'occupation de la Sicile.

Garibaldi ne tarda pas à poursuivre le roi de Naples. François II, vaincu les 1 et 2 octobre sur les bords du Vulturne, courut se réfugier à Gaëte où il fut bientôt assiégé.

Les troupes pontificales, commandées par le général de Lamoricière, s'étaient concentrées sur la frontière. On pouvait supposer qu'elles avaient l'intention de se joindre aux débris de l'armée napolitaine. Les Piémontais, sous les ordres de Cialdini, occupent les Marches et l'Ombrie. Bataille de Castelfidardo, le 18 septembre. Soulèvement des populations en faveur de Victor-Emmanuel. Siége et prise d'Ancône. Bataille d'Isernia. Les Marches, l'Ombrie, s'annexent par votation. Entrée de Victor-Emmanuel à Naples, le 7 novembre. François II, après quatre mois de siége, rend la ville de Gaëte, le 13 février 1861, et se retire à Rome. Ouverture du premier parlement italien, le 18 février. Victor-Emmanuel proclamé ROI D'ITALIE, le 17 mars. Mort de M. de Cavour le 5 juin. Division des partis, embarras financiers, organisation du brigandage, affaire d'Aspromonte, opposition d'une partie du clergé. Le gouvernement renverse tous ces obstacles par sa fermeté, la loyauté du roi *galant-homme*, le bon esprit des représentants de la nation et le patriotisme des citoyens.

Aujourd'hui, à part la Vénétie demeurée au pouvoir de l'Autriche, à part le Patrimoine de Saint-Pierre et la campagne de Rome, l'Italie, nous apparaît indépendante, libre et complétement unifiée. Le nouveau royaume forme une agrégation de 23,000,000 d'habitants. Ses ressources sont immenses ses richesses naturelles sont inépuisables, ses espérances sont magnifiques, son avenir resplendit comme une auréole. Pourtant, il lui manque une capitale définitive; il lui manque un boulevard contre l'invasion autrichienne : le fameux quadrilatère et Venise!...

CHAPITRE V.

DU ROLE DES PUISSANCES.

I.

Établissons nettement la situation dans son ensemble.

L'Italie réclame la Vénétie... En admettant qu'il soit fait droit à sa demande et que l'Autriche consente à cette aliénation de territoire, il faudra une compensation à l'Autriche. Aux dépens de qui lui serait-elle fournie?

La Prusse vise à l'annexion des duchés de l'Elbe. Elle n'est nullement hostile à la révision de la constitution organique de l'Allemagne, loin de là; car l'attraction des États s'exerce d'après une progression croissante : le carré des surfaces.

Les États secondaires, placés sous l'action dominante de la Prusse, consentent volontiers à la transformation de cette machine détraquée qu'on nomme la Confédération germanique.

La Bavière, la Saxe, le Wurtemberg, affirment le pacte fédéral. Leurs intérêts se confondent avec ceux de l'Autriche. Elles sont assez disposées à faire cause commune avec elle; cependant l'attitude de l'Angleterre, de la France et de la Russie leur impose. Faute d'oser se prononcer ouvertement, elles ont déclaré vouloir rester neutres. Cette déclaration n'est qu'un faux-fuyant. Vous verrez qu'elles se déclareront au dernier moment pour l'Autriche et pour la Diète.

Il y a eu revirement en Hanovre, sans doute à l'instigation de l'Angleterre. Ce petit royaume nous semble pencher vers la Prusse : mensonge!

Plusieurs principautés sentent qu'elles seront indubitablement sacrifiées; elles se rattachent avec frénésie à l'Autriche.

La Hollande voudrait se retirer de la confédération, afin de n'épouser aucun parti. Ce rôle lui sera difficile à tenir.

L'Allemagne demande à cor et à cri un parlement national, avec conséquences et accessoires.

L'Autriche ne saurait accéder à ce vœu. Ses possessions les plus importantes, la Bohême, la Hongrie, la Vénétie, l'Istrie, la Croatie, la Dalmatie, la Pologne, n'étant pas allemandes, seraient exclues de la nouvelle confédération. De la sorte elle passerait du premier rang au deuxième, sous la suprématie de la Prusse. On le conçoit, il n'est guère probable qu'elle consente à un arrangement de cette nature.

L'Angleterre admet, *à priori*, la nécessité de certaines modifications, puisqu'elle reconnaît, pour cause de vétusté, l'insuffisance de la constitution politique de 1815. D'où lui viennent tant de déférence pour la Prusse et cette subite tendresse pour la France? Aurait-elle quelque motif secret d'agir ainsi? Le Hanovre, qui lui est inféodé, ne gagnera-t-il rien aux transformations indiquées? Remarquez-le bien : l'Angleterre tient essentiellement à avoir un pied en Allemagne; plus il sera grand, plus elle sera satisfaite.

Jusqu'à présent, on semble vouloir éliminer le Danemark. Une guerre entre l'Europe occidentale et la Russie est seule capable de lui rendre un peu d'influence.

La Turquie considère avec effroi un conflit dans lequel elle a tout à perdre et rien à gagner.

La Grèce se trouve dans une position diamétralement opposée.

La France, par désintéressement, par générosité pure, nous voulons bien le croire, s'offre à servir d'arbitre. Cependant, *elle déteste les traités de* 1815. Cette prédisposition doit avoir une cause. Tout grief appelle une satisfaction. N'aurait-elle rien à demander, elle aussi? Cherchons bien, et nous serons édifiés à ce sujet.

La Russie, à condition qu'on ne touche pas à la Pologne, se dit prête à accepter les mutations réputées indispensables; mais elle découvrira bien, si on n'y prend garde, lors des arrangements définitifs, quelques parcelles de territoire disponibles, afin d'arrondir ses domaines du côté des Principautés, vers la Bessarabie, c'est-à-dire, dans la direction des Bouches du Danube, la clef de l'Allemagne. Songez-y : le testament du czar Alexiowitch, surnommé Pierre le Grand, n'est pas une chimère!

Veuillez tenir compte, à cette heure, des restrictions, des exigences, des impossibilités de toute nature qui rendent illusoires l'arbitrage des puissances neutres et la médiation officieuse du Corps germanique, vous comprendrez comment une expression dont nous nous sommes appliqué jusqu'ici à éviter l'emploi découle forcément de notre plume, savoir : LE REMANIEMENT DE LA CARTE D'EUROPE... Oui! ce remaniement aura lieu, bon gré mal gré l'Autriche, parce qu'il est devenu indispensable. Jetez la Turquie hors de l'Europe, indemnisez l'Autriche, réformez les nationalités, agrandissez la Grèce, et vous contenterez tout le monde, sauf la Russie; cependant, il faudrait bien qu'elle en prît son parti.

Le remaniement de la carte d'Europe serait susceptible de nous offrir un vaste champ d'études, car l'assiette des modifications territoriales nous mettrait, à elle seule, en face d'une foule de questions plus intéressantes les unes que les autres : géodésie, géographie, délimitations, statistique, origines, affinités de races, conditions politiques, administration intérieure, richesses naturelles, ressources, développement industriel, tendances sociales, forces respectives, défense, zones militaires, etc., etc.; mais la plupart de ces considérations sortiraient de notre cadre. Aussi ne nous en occuperons-nous que subsidiairement, et encore pour autant qu'elles viennent à se rattacher aux causes ou aux événements de la guerre. Toutefois, avant d'entrer au cœur de la question, nous signalerons aux lecteurs clairvoyants deux faits qui sont de nature à établir d'une manière bien précise la différence d'action qui existe entre deux entités nationales, dont l'une repose sur des liens fictifs ou relâchés, tandis que l'autre est compacte dans son ensemble : nous entendons opposer l'exemple de la France à celui de la Confédération germanique...

A l'une des dernières séances de la Diète, il fut arrêté qu'on intimerait à l'Autriche, ainsi qu'à la Prusse, d'avoir à désarmer. A la séance suivante, le délégué du grand-duché d'Oldenbourg fit observer avec infiniment de justesse que ce décret n'aurait aucune efficacité, attendu que les deux grandes Puissances, quand bien même elles ne mettraient sous les armes, dans les provinces appartenant à la Confédération, qu'un nombre de troupes égal à celui déterminé par le pacte fédératif, avaient néanmoins la faculté de concentrer leurs armements dans les provinces restées en dehors de la Confédération. Effectivement, l'Autriche et la Prusse éludèrent, chacune de leur côté, la sommation de la Diète, aussi bien que l'invitation de la Conférence de Bamberg, grâce à la supériorité de leurs forces sur celles dont disposent les autres États de la Confédération... Or, nous le demandons : si la majorité du Corps germanique est impuissante à rendre une sentence virtuellement obligatoire; s'il suffit du plus léger incident pour que l'accord cesse d'être unanime entre les divers États, par suite de l'antagonisme de l'Autriche et de la Prusse; si la Confédération est livrée, aujourd'hui, au désordre et à l'anarchie, ne serait-ce point que son organisation défectueuse est éminemment propre à entretenir dans son sein de funestes divisions? La forme fédérale de l'Allemagne ne serait-elle donc point compromise par ce témoigage irrécusable de sa faiblesse? Puisque les délibérations de la Diète sont frappées de nullité, à moins d'une immense conflagration, dès que le désaccord règne entre Vienne et Berlin; puisque deux Puissances, étrangères en partie au Corps germanique, exercent une pareille influence sur la Confédération; puisque ces deux États, du moment où ils s'entendraient bien, seraient capables d'imposer des lois à tous les autres États, n'est-il pas de l'intérêt comme du devoir de l'Allemagne de réclamer une organisation politique plus homogène, plus solide, plus nationale?

Passons au contraste.

Un journal anglais, LE TIMES, s'exprimait ainsi à propos du dernier anniversaire de la bataille de Waterloo : « Jamais on n'a livré bataille moins dé« cisive dans le sens politique du mot. Au lieu de « détourner ou d'arrêter un courant puissant, elle « n'a fait qu'élever une digue insuffisante que le flot « des idées a renversée en quinze ans. Les traités « qui l'ont suivie ont été déchirés en morceaux et la « *Guerre de Trente Ans* a laissé plus de traces que la « bataille de Waterloo. Les Bourbons restaurés ont « été renvoyés, et renvoyés deux fois; la dynastie « proscrite est remontée sur le trône.

« Pour peindre l'état de la France actuellement, « nous n'avons qu'à dire que nous voyons la repro« duction, — en tenant compte du mouvement des « idées produit depuis cinquante ans, — de ce que « nous aurions vu si la bataille de Waterloo n'avait « pas été livrée ou si nous l'eussions perdue. Au« jourd'hui le chef de l'État, en France, applique, « autant que les circonstances le permettent, les « principes enseignés à son prédécesseur par une « bien longue et bien amère expérience. »

Ce raisonnement, quoiqu'il émane d'un esprit judicieux et sincère, est obscur, nuageux, et laisse trop de choses dans l'ombre. Grâce à la fusion de nos anciennes provinces opérée par la Révolution, grâce à l'abolition des priviléges, grâce à la vigoureuse organisation instituée par Napoléon Ier, grâce à l'équité de la loi, à l'uniformité du système administratif, à la régularité des divers services, à la simplicité des rouages, à la sollicitude que nos gouvernements ont déployée, l'un après l'autre, en vue d'imprimer sur toute l'étendue de l'Empire français une impulsion unique, l'esprit de patriotisme a pénétré profondément au sein des diverses classes de la société, surtout parmi le peuple. Que l'Angleterre s'avise de vouloir nous prendre la Bretagne, que l'Allemagne revendique la Franche-Comté, la Lorraine ou l'Alsace, que la Belgique veuille s'incorporer la Flandre ou la Picardie, et vous verrez si nos paysans ne se feraient point hacher jusqu'au dernier! Est-ce que nous avons des vice-royautés, des langues distinctes, une jurisprudence différente, comme la plupart des nations de l'Europe, entre autres l'Angleterre ellemême? Est-ce que nous avons plusieurs Diètes, plusieurs parlements, toute une légion de souverains, comme l'Allemagne? Est-ce que nous traitons en peuples conquis les derniers départements annexés, ainsi que l'Autriche en agit envers la Vénétie, et la Russie envers la Pologne? Chez nous la même langue, la même loi, la même administration, les mêmes institutions, les mêmes tendances, le même drapeau, enfin, l'unité dans son expression la plus complète et dans sa plus majestueuse grandeur! Voilà ce qui fait notre gloire; voilà ce qui fait notre force; voilà ce qui nous a permis de subir plusieurs secousses intérieures, sans déchoir du rang que nous occupons parmi les Puissances; voilà ce dont la France a le droit d'être fière!...

II.

Un peintre, pour bien composer un tableau, doit animer la scène, lui prêter la couleur locale et y répandre la lumière. De même, un écrivain qui aborde le terrain de la politique, est tenu de ne laisser aucun voile sur ses inductions et de formuler sans ambages les principes sur lesquels il appuie son raisonnement.

Nous avons parlé du remaniement de l'Europe; nous avons indiqué le courant des nationalités comme étant l'un des éléments destinés à consolider l'œuvre de l'avenir; il faudrait, actuellement, s'occuper du tracé géographique; or, s'il ne nous est pas encore permis, — par des motifs faciles à saisir, — d'indiquer la configuration exacte des États que les événements feront surgir sur la carte européenne, du moins pouvons-nous jalonner dès à présent la voie dans laquelle on devra s'engager pour mettre l'œuvre de l'avenir en harmonie avec le mouvement de la civilisation et les tendances du progrès social.

Adoptera-t-on la forme républicaine? Nous ne le supposons pas; en revanche, on ferait une large place aux idées, aux besoins démocratiques de l'époque... L'illustre Montesquieu a dit un mot plus spirituel que profond : « La vertu est le principe des Républiques; l'honneur, celui des Monarchies. » L'auteur de l'*Esprit des Lois* n'avait entrevu, sans doute, ni le régime constitutionnel et parlementaire, ni les modifications qui devaient s'établir dans les rapports respectifs entre les peuples et les souverains. Quant à nous, sans cesser de rendre un culte à la vertu, soyons esclaves de l'honneur. L'expérience le prouve : aux époques de grandes commotions politiques, durant la période de développement et de croissance, l'honneur est pour les peuples le ferment le plus fécond, celui qui porte les meilleurs fruits. Tendons sans cesse vers le bien, mais ne nous payons pas de mots sonores ou de phrases creuses, et ne faisons pas l'homme plus vertueux qu'il n'est en réalité. A défaut de la vertu éthérée à laquelle nous ne sommes pas près d'atteindre, n'étouffons jamais dans nos âmes le sentiment de l'honneur; gardons-nous de comprimer ses généreux élans!... La société est-elle parfaitement remise du bouleversement causé par l'invasion de la Barbarie? a-t-elle effacé la trace des perturbations causées par l'immixtion de la force, par la consécration du Droit divin et l'autorité sans contrôle? Hélas! il n'en est pas ainsi; nous sommes encore dans l'enfance de l'émancipation politique. Incapables de marcher sans lisières, nous ne saurions nous mettre à courir sans nous exposer à des chutes graves. Prenons donc la liberté pour étoile polaire; habituons-nous au noble exercice des fonctions sociales; habituons-nous à accomplir nos devoirs avec un zèle égal à l'empressement que nous mettons à réclamer nos droits; alors, peut-être, serons-nous dignes de la République...

La grande République romaine n'a-t-elle pas acclamé César? Vous souvient-il des Républiques italiennes, expirées sous la domination étrangère? En Angleterre, la République n'a-t-elle pas été étouffée par le despotisme de Cromwell? Celle des Provinces-Unies ne s'est-elle pas jetée elle-même dans les bras du stathouder, le prince d'Orange? Qu'est devenue l'héroïque et gigantesque République française? Quelle a été la durée de *la Démocratique et Sociale*?... Vous nous citez la République Helvétique : n'est-ce point là une entité de convention, une expression géographique, et pas autre chose? Si la Suisse n'était environnée par les Alpes; si le Piémont, l'Autriche, la Prusse et la France n'avaient un mutuel intérêt à lui confier l'occupation de quelques points stratégiques, il y a longtemps qu'elle aurait cessé d'exister. C'est par calcul et non par commisération qu'elle subsiste... Transportons-nous au Nouveau-Monde et dites-nous ce que sont les Républiques Chilienne, Argentine, Péruvienne, comparativement à l'Empire du Brésil. Nous proposerez-vous pour modèle la République Américaine? mais les États-Unis ne sont qu'un exutoire : l'égout et la sentine de l'Europe. Voyez ce qui se passe dans ce pays : l'anarchie est à l'ordre du jour, les élections sont le résultat du tumulte de la rue, la vie des citoyens est à peine protégée, tous les excès ont la faculté de se produire au grand jour. Le commerce et l'industrie excités par une activité fiévreuse ne sont pas garantis, les banqueroutes se compensent par des faillites, on se tire des coups de revolver en pleine rue, des tripots sont établis sur chaque bateau à vapeur affecté à la navigation fluviale, les liens de famille sont distendus, l'autorité paternelle est quasi sans effet, le mariage se rompt sous des motifs inadmissibles, enfin la justice de la rue, c'est-à-dire l'assassinat par la multitude, se substitue à la juridiction légale!... Adoptez la loi de Lynch, le mysticisme des Quakers, la ténébreuse corruption du Paraguay, la promiscuité flagrante des Mormons, les stupides règlements des Fénians, et vous rétrograderez vers la barbarie du moyen âge... Vous ne songez guère à une pareille énormité, n'est-il pas vrai?

Faisons maintenant une excursion sur le domaine du Fédéralisme, cette source de divisions et de discordes, de troubles, de luttes et de dissolution... Le Fédéralisme n'a laissé que des ruines sur les différentes cartes de l'Europe, parce qu'il ne saurait engendrer que le néant... Le fédéralisme des Girondins a mis la France à deux doigts de sa perte. Voyez à quoi en est réduite la Ligue des villes anséatiques. Regardez la Confédération germanique : *l'Aigle à deux têtes* retombe à plat sur le sol dès qu'il essaye de prendre son essor. En Amérique, les États-Unis ne datent pas encore d'un siècle et déjà le lien fédéral est inhabile à les maintenir groupés en faisceau. En deux années, ils ont obéré leurs finances d'environ 10 milliards, égorgé cinq cent mille hommes, ruiné trente millions d'habitants et perturbé pour longtemps le commerce de l'Europe. S'il se fût rencontré, dans le Sud, un homme de guerre aussi habile que Jefferson Davis l'était en matières administratives, la séparation serait depuis longtemps un fait consommé... Certes, les patriotes italiens étaient bien inspirés lorsqu'ils eurent l'idée de serrer leurs rangs autour de Victor-Emmanuel. Si l'intérêt du clocher eût prédominé un instant sur l'intérêt de la grande patrie italienne, la Péninsule et la Sicile retombaient aussitôt sous le joug des Bourbons, des Hapsbourgs, des Archiducs et du Pape. Ouvrez l'histoire : Charlemagne fonda la grandeur de l'Empire des Francs par la Monarchie, et l'Espagne ne parvint à expulser les Arabes que lorsque Ferdinand le Catholique eut réuni dans ses mains le sceptre des royaumes de Castille et d'Aragon.

Au lieu de reporter notre attention sur le régime constitutif de l'ancienne Pologne et sur le mode électif qui plongea ce malheureux pays dans la servitude après l'avoir livré aux horreurs de la guerre civile, disons un mot d'une combinaison bizarre qui pourrait bien avoir quelque chance de réussite par le singulier temps où nous vivons. Voici ce dont il s'agit : — l'ancienne Constitution fédérale de l'Allemagne fut abolie en 1806 par l'Empereur Napoléon Ier, qui consentit à la formation de l'Empire d'Autriche et se déclara Protecteur de la Confédération du Rhin. En 1815, on organisa la Confédération germanique. La Prusse et l'Autriche y eurent une influence à peu près égale. L'Angleterre et la Russie savaient on ne peut mieux ce qu'elles faisaient en mettant de nouveau en avant la forme fédérale. L'Autriche et la Prusse ne virent pas le piége, ou bien, espérant l'une et l'autre dominer les petits États soit par la crainte, soit par la flatterie, soit par la corruption, soit par des mariages,— à la façon dont la Russie en use envers l'Allemagne conformément à la politique recommandée jadis par Pierre le Grand, — elles ne soulevèrent nulle objection contre ce système, bien qu'il repose sur les dispositions les plus obscures et qu'il ne soit protégé par aucune règle tutélaire.

Figurez-vous une grandissime armoire gothique, touchant presque au plafond. Pour la consolider, on l'appuie à la muraille. Ce mur, lézardé de toutes parts, n'est plus d'aplomb. De peur que l'armoire ne vienne à pencher, on l'étaie à gauche et à droite au moyen de deux autres bahuts. Cependant, le plancher n'étant plus d'équerre, par suite de vétusté, la vieille armoire est exposée à tomber en avant; alors on place sous ses pieds le nombre de cales nécessaires. L'équilibre ainsi obtenu se maintiendra tant que ces divers accessoires resteront dans une immobilité complète; mais qu'on dérange l'un des deux bahuts ou bien qu'on déplace une des cales, l'hétéroclite buffet couvrira bientôt le sol de ses débris vermoulus... Personne ne se méprendra au sens de notre comparaison : le mur d'appui, c'est l'Allemagne; le plancher raboteux, figure l'ensemble des institutions du pays; l'antique armoire, représente la Confédération germanique ; les deux bahuts servant d'étai, ce sont la Prusse et l'Autriche; enfin, les cales jouent le rôle des petits États.

On ne saurait refuser à l'Allemagne d'avoir fourni et de posséder encore des diplomates fort habiles. Plusieurs d'entre eux brillent, ou ont brillé, par la finesse, l'astuce, la souplesse, la sagacité dans les manœuvres cancellatoires, les belles manières du gentilhomme, l'honorabilité du caractère privé; pas un seul ne s'est montré véritablement homme d'État par la profondeur, par l'élévation de la pensée. Demandez-leur une théorie unitaire et pratique, l'ombre d'un projet grandiose, en concordance avec les besoins de l'époque, avec la logique des faits, avec le sentiment des peuples, avec les idées de nationalité qui envahissent le monde : ils vous répondront par quelque plan irréalisable ou par quelque expédient incapable de retirer l'Allemagne de l'ornière où elle est empêtrée. Le croiriez-vous? un ministre, connu par sa bienveillance, son esprit, le charme de ses relations, la sincérité de son patriotisme, ne s'est-il pas imaginé de proposer un troisième bahut, fait de pièces et de morceaux, qu'on intercalerait entre les deux autres et qui remplacerait les cales afin d'empêcher le vénérable monument de se disloquer ! Ce troisième bahut n'est autre chose qu'une nouvelle Puissance, formée à l'aide des petits États et dont le Royaume de Saxe serait le noyau. A qui pensez-vous que revienne l'honneur d'une telle excentricité? à un rêveur, à un songe-creux, n'est-il pas vrai? Eh bien, non. Il y aura tantôt quinze ans que M. de Beust s'époumonne à propager sa panacée. La *Monade*, c'est-à-dire l'unité de l'Allemagne, ne lui sourit nullement. La *Binade*, ou le dualisme entre l'Autriche et la Prusse, lui paraît laisser un tant soit peu à désirer. Va donc pour la *Triade!*... O mânes du grand Leibnitz! vous frémiriez d'indignation dans votre linceul mortuaire, si jamais on profanait ainsi la technologie du maître...

Pourquoi le cacherions-nous? malgré notre admiration, malgré notre sympathie pour la forme républicaine, nous n'admettons pas que la République puisse être profitable dès aujourd'hui, et nous éprouvons une répulsion instinctive pour le Fédéralisme... Qu'on ne nous fasse cependant pas l'injure de nous prendre pour un partisan du pouvoir absolu. Selon nous, l'ère de la démocratie est ouverte. La souveraineté appartient à la nation qui délègue ses droits, son autorité, sa puissance, à l'élu de son choix. Faites un pouvoir fort ; néanmoins, tout en consacrant le principe de la centralisation administrative, faites une place convenable aux franchises municipales, car c'est par elles que la vie politique s'affirme aux extrémités du corps social. Entourez d'égards et de respect le chef de l'État, mais déterminez ses attributions de telle sorte qu'il ait toute latitude de marcher avec le progrès et non de rebrousser en chemin; de telle sorte qu'il soit tenu d'observer la Constitution jurée, et qu'il soit dans l'impossibilité de s'y soustraire; de telle sorte que nul conflit n'ait lieu de s'élever légalement entre lui et les grands corps de l'État; enfin, ayez soin de fermer hermétiquement la porte à toute tentative anarchique, de telle sorte que la transmission de la couronne par voie héréditaire n'occasionne aucun changement de système, aucune fluctuation regrettable. Dites-nous si cette ligne de conduite n'a point valu à la France une position enviable et enviée, position qui s'améliorera encore par la force naturelle des choses?...

. . . .

N'était la gravité d'une situation où le moindre atermoiement constitue un danger, où la plus légère modification ferait naître des embarras inextricables,

L'Empereur à Auxerre.

notre exposé de principes n'aurait pas sa raison d'être; mais il y a plus qu'une affaire de tendance à régler, plus qu'un point de doctrine à débattre : il s'agit d'établir la norme sociale qui doit désormais présider à l'existence des peuples en sauvegardant leurs libertés, leur indépendance et leur nationalité. Nous n'aurons plus, il faut l'espérer, une Sainte-Alliance des Rois. Deux des trois Puissances neutres sont régies par des institutions constitutionnelles et sont favorables à la cause du progrès; parmi celles qui se préparent à entrer en lutte, plusieurs sont dans le même cas. Nous n'avons donc pas à craindre, à moins d'un revirement que rien ne fait présager, qu'il s'élabore au sein du Congrès, ou qu'il vienne à surgir sur le champ de bataille quelque odieuse machination à l'instar du partage de la Pologne. Toutefois il est urgent que les peuples se rapprochent en vue de la civilisation, de la démocratie et de leurs intérêts communs; qu'ils s'unissent pour aviser à la prospérité, au bonheur de la société; et qu'ils s'entendent à l'effet de ne plus créer d'apanage aux vizirs, pachas, proconsuls ou roitelets.

Aux divers indices d'irritation qui se révèlent de part et d'autre entre les Puissances sur le point d'être belligérantes, on sent que le péril augmente, on sent que la guerre devient de plus en plus imminente. Le calme sinistre où nous sommes est le précurseur de la tempête. Si les Rois écoutaient en ce moment les murmures qui s'élèvent autour de leur trône, ils sauraient que l'organisation sociale de la majeure partie de l'Europe, — celle issue des traités de 1815, — suscite une réprobation unanime, et que, dans le travail relatif aux répartitions, échanges ou compensations politiques actuellement à l'étude, il y va de la fortune des Rois de seconder le vœu des nationalités.

Quelle que soit la manière dont la question se résolve, nous sommes effrayé des difficultés et des complications qui se produisent au dernier moment. Si la diplomatie, trompant nos prévisions, parvenait à concilier, au moyen de certaines concessions, les parties adverses, croit-on qu'il n'y aurait plus qu'à s'embrasser et que tout se terminerait là? Hélas! non.... D'abord, il faudrait reconstituer certains États. Le noble souci des libertés politiques s'étant réveillé chez les peuples, il y aurait à discuter les bases sur lesquelles on asseyerait tout à la fois la souveraineté nationale et la sécurité des dynasties; et il faudrait mettre d'accord le mécanisme constitutionnel avec le génie de chaque peuple, délimiter les attributions du parlementarisme, réglementer la discussion des affaires publiques, poser des limites au pouvoir, à l'autorité gouvernementale, et mettre des empêchements au retour d'une semblable situation. Dans un autre ordre d'idées, on devrait s'occuper également d'une infinité de détails non moins intéressants quoique moins relevés : le budget, l'amortissement de la dette créée par la paix armée, les finances, le droit de suffrage, l'état civil, l'instruction, la protection du travail, l'assistance publique, le licenciement de l'armée, la réduction des forces navales, le renvoi des comptables et employés militaires, les pensions, les indemnités, la dispersion des volontaires, et autres mesures difficiles, délicates, qui ne s'opéreraient pas sans tiraillements et sans secousses....

On le voit, pour éclairer l'opinion du lecteur sur les événements à intervenir, il convient d'examiner le rôle que chaque Puissance est appelée à jouer dans la lutte, soit par la diplomatie, soit par les armes. Jamais situation ne porta dans ses flancs plus d'aventures orageuses. L'organisation de l'Europe, telle que l'a faite le pacte inhabile de 1815, est essentiellement vicieuse, parce qu'elle ne repose sur rien de solide et de rationnel. Les trois grandes Puissances, celles qui s'attribuent la médiation dans la cause pendante, — l'Angleterre, la France et la Russie, — ont chacune des intérêts divers, nettement accentués, et complétement opposés entre eux. Elles n'ont acquiescé à l'idée d'un Congrès que pour avoir le droit d'y prendre part et la faculté d'y intriguer. Donc, plus on négociera, et plus, par cela même, on sera éloigné de s'entendre....

III.

Péninsule Ibérique.

L'Espagne figure parmi les nations retardataires de l'Europe; cependant les épreuves et les leçons ne lui ont pas manqué. La différence est immense, entre honorer la religion et se mettre à la remorque du fanatisme. L'histoire d'Angleterre offre un salutaire enseignement : — Charles II réunissait en sa personne des titres incontestables à la couronne d'Écosse, d'Angleterre et d'Irlande. Restauré sur le trône de la Grande-Bretagne après de longues vicissitudes, il s'immisça dans les affaires de la religion, courba le front devant le pouvoir de Rome, se laissa suggérer par un zèle outré des mesures préjudiciables aux principes constitutifs du Gouvernement anglais; dès lors ses sujets l'abandonnèrent pour se ranger sous la bannière du prince d'Orange dont les droits étaient plus que douteux.... Que le Gouvernement espagnol ne perde pas cet exemple de vue; d'ailleurs, puisque la souveraineté nationale réside dans le peuple, celui-là qui règne par le peuple et pour le peuple possède la véritable légitimité.

Le Portugal est gouverné par un jeune souverain, imbu des maximes constitutionnelles. Les preuves qu'il a fournies de son attachement aux institutions nationales sont d'un excellent augure pour l'avenir.

La Péninsule est éminemment catholique. Nonobstant le respect que ce pays doit aux décisions de la cour de Rome, nous avons le ferme espoir qu'il saura se tenir en garde contre les excitations de l'Ultramontanisme, dans le conflit qui va s'ouvrir entre l'Autriche, — la très-humble servante du Droit divin, la patronne de l'oppression, — et le royaume d'Italie, ce vaillant champion de la cause des peuples...

IV.

La Cour de Rome.

Nous nous sommes promis de ne pas toucher aux questions religieuses, et nous tiendrons parole. Cependant, le Pape est souverain temporel; Pie IX est Italien. Nous nous permettrons donc de risquer quelques lignes sur ce sujet délicat.

La civilisation et le progrès sont une œuvre divine. La civilisation et le progrès ne pouvant s'affirmer que par la liberté et les nationalités, les droits d'un peuple sont ce qu'il y a de plus sacré. Puisque la cause italienne est chère aux yeux de la Providence, les ministres d'un Dieu tout amour ne devraient point la combattre. Et puis, le successeur des Apôtres pourrait-il songer sans frémir aux horreurs, aux excès de tout genre que le triomphe de l'Autriche appellerait sur l'Italie?... Malgré les préoccupations augustes de son ministère, malgré les tribulations dont il a plu au Souverain Maître de l'abreuver, Sa Sainteté Pie IX n'est pas sans se rappeler avec une profonde émotion l'enthousiasme qui salua son exaltation à la chaire de Saint-Pierre. L'Italie attendait alors sa régénération par la papauté. Le cri : *Evviva Pio nono!* retentissait doucement à l'oreille du Saint-Père, poussé par des millions de voix, d'un bout de la Péninsule à l'autre.... Dieu sonde les cœurs et les reins.... Le Pape a fait peut-être tout ce qu'il pouvait faire; dans ce cas, nous le plaignons sincèrement. Nous avons la conviction que le jour où les couleurs italiennes flotteront au-dessus de la coupole de Saint-Marc, à Venise, Mastaï Feretti remerciera le ciel par de ferventes éjaculations.

Les malintentionnés font circuler le bruit d'une prochaine fuite de la part du Pape. Nous n'ajouterons nullement foi à cette nouvelle. Le bon Pasteur donne sa vie pour ses ouailles, et sa place est au milieu de son troupeau. Mais le fanatisme n'a pas d'entrailles. A peine a-t-il élaboré les produits de sa ténébreuse officine, il les répand à profusion. Quelle habileté! quel implacable acharnement! Il défigure les mots, il falsifie les phrases et pervertit jusqu'à la pensée. Afin de mieux déguiser ses criminelles espérances, afin de mieux cacher ses coupables projets, il couvre l'Autriche du voile de la Papauté et confond l'Église avec la domination étrangère, c'est-à-dire l'espionnage, le bourreau et la fusillade. Quelle autre interprétation donner à cette élucubration d'une feuille rétrograde, l'*Armonia :* « Il y aura « des guerres formidables, des désastres immenses, « bien des ruines et bien des vies sacrifiées. Enfin, « avant de mettre le pied sur la terre promise, sur le « sol de la paix, s'il faut passer par une mer Rouge de « sang et non pas Rouge de nom, et si c'est là ce qui a « été arrêté dans les desseins impénétrables de Dieu, « que sa volonté soit faite. Vous êtes juste, Seigneur, « et vos jugements sont équitables. Que la Papauté « (*l'Autriche*) triomphe, que l'Église (l'Ultramon- « tain) puisse bientôt entonner le *Cantemus Do-* « *mino*, nous sommes prêts à tout souffrir, même à « verser tout le sang qui coule dans nos veines.... »

Calmez votre effroi, généreux sanfédiste.... Qui donc menace l'arche sainte? Qui donc est hostile aux lévites du Seigneur? Assez, pharisiens : si le pape Pie IX entendait vos blasphèmes, comme Italien il vous maudirait, et comme prêtre il vous frapperait d'anathème!....

V.

La Suisse, la Hollande, la Belgique.

Nous ne présidons pas l'Olympe; nous ne sommes pas admis au conseil des Dieux; notre opinion n'a donc qu'une valeur relative : c'est d'être l'expression de la pensée d'une bonne partie des gens qui observent et raisonnent. S'il nous arrive de blesser certaines susceptibilités, de froisser certains intérêts, on doit nous le pardonner en considération du sentiment qui nous anime. Nous envisageons les choses de haut. De même qu'en jurisprudence la loi se présente toujours avec un caractère de généralité, de même en politique le principe doctrinal ne saurait se préoccuper d'une infinité de circonstances plus ou moins atténuantes qui gravitent autour du fait principal. Le propre de l'intérêt général, comme de l'utilité publique, c'est de porter atteinte à des droits acquis, mais en minorité. Les jurisconsultes de l'antiquité ne nous ont-ils pas transmis cette maxime qui fait encore règle de nos jours : *Summum jus, summa injuria?*... — Que voulons-nous, à cette heure? L'affirmation des nationalités. — Dans quel but? Pour en arriver peu à peu, insensiblement (comme cela s'est produit en France depuis 89), à l'assimilation complète des divers éléments nationaux qui ont des affinités entre eux, soit par suite de telle ou telle circonscription naturelle, soit par suite du rapprochement des mœurs, de la similitude des langues, de l'uniformité des tendances commerciales ou industrielles. Or, qui veut la fin veut les moyens.

L'œuvre de l'avenir, — la pacification de l'Europe, — ne tardera pas, quoi qu'on en dise, quoi qu'on en pense, à prendre pour base un état de choses reposant sur la concordance des races et la subdivision normale des territoires. La concentration et l'agglomération des intérêts similaires constituent un principe d'ordre et de stabilité dont l'effet sera de tendre sans cesse vers une homogénéité de plus en plus parfaite. Certes, nous n'en disconvenons pas : il y aura des dissentiments, des regrets, des tiraillements; mais le bon sens des administrés, la sagesse des gouvernements, feront bientôt disparaître ces légers nuages; bref, ce ne sera plus qu'une affaire de détail.

Hypothèse : — la Belgique, à tort ou à raison, s'imagine de déclarer la guerre à la Prusse, et, malgré sa vaillance, elle est vaincue. Si vous l'aimez mieux, transposez les rôles en admettant que l'agression parte de la Prusse. Dites-nous, je vous prie, si la France pourrait tolérer que l'armée prussienne occupât les places fortes de Mons, Namur, Charleroi, ou toute autre sur nos frontières du nord? Nous voilà donc exposés nous-mêmes à faire la guerre pour les querelles d'autrui. Eh bien, supprimez la cause, et vous aurez supprimé les éventualités qui peuvent en découler.

La Suisse forme bien un État, au point de vue gouvernemental, mais elle n'est pas une nation. En réalité, ses habitants sont des Français, des Allemands et des Italiens. Faites-en donc des Français, des Allemands et des Italiens.

Les Belges, dont l'antipathie pour la Hollande est

proverbiale, secouèrent le joug de la maison d'Orange, en 1830, pour se donner à la France. Les anciens Alliés de 1814-15, — notamment l'Angleterre, — ne voulurent pas entendre parler de cet arrangement; ils firent avorter l'élection d'un fils de Louis-Philippe, le duc de Nemours; cependant ils accédèrent à la nomination de Léopold, que des liens étroits unissaient à l'Angleterre ainsi qu'à la Prusse. Pourquoi donc avoir empêché ces braves gens d'être Français, puisqu'il leur plaisait de le devenir?

Tôt ou tard, la France recouvrera ses frontières du Rhin. La Hollande, ainsi diminuée, ne sera plus qu'une expression géographique superflue. Incorporez-la donc tout de suite à l'Allemagne, ainsi que les villes anséatiques. Cette mesure ne conviendrait peut-être pas à l'Angleterre; par contre, elle serait fort avantageuse à l'Allemagne, dont elle rehausserait l'importance maritime. La Sainte-Alliance, dans ses calculs erronés, avait cru bien faire en rattachant la Hollande à l'Allemagne au moyen du Limbourg et du Luxembourg qu'elle rangea parmi les États de la Confédération germanique. C'était une précaution prise à l'encontre de la France. La solution proposée ici aurait cela de bon, qu'elle satisferait à la fois la France et l'Allemagne.

Quoi! s'écria-t-on, vous êtes donc disposé à sacrifier les petits États? — Voici notre réponse: — Ce n'est pas avec du sentiment que se règle le sort des peuples. Un État qui est incapable de défendre son indépendance nous semble une anomalie. Les populations auxquelles nous venons de faire allusion n'ont qu'une existence factice: elles ne peuvent se suffire à elles-mêmes, elles ont besoin d'une protection, elles vivent dans des transes continuelles, leurs voisins craignent de se mettre d'un moment à l'autre quelque mauvaise affaire sur les bras à cause d'elles. D'ailleurs, les provinces que vous nous accusez de vouloir sacrifier gagneraient à être annexées. Elles profiteraient immédiatement des avantages que les pays dont elles seraient appelées à faire partie, ont eu tant de peine à se créer. Tout en servant de trait d'union entre les grandes nations qu'elles rapprocheraient, elles deviendraient leurs intermédiaires, et ce serait sur leur propre territoire que s'effectueraient les rapports d'échange ou de commerce. Elles auraient à meilleur marché les objets qu'elles demandaient à l'importation; de même, l'exportation s'accroîtrait en proportion de la grandeur et de la richesse de leur nouvelle patrie. Écartez la gloriole, mettez de côté la question d'amour-propre, vous verrez qu'elles n'auraient rien à y perdre et tout à y gagner.

Les Suisses, les Belges et les Hollandais sont braves, laborieux, intelligents. Chacun d'eux a fait à sa manière l'admiration de l'Europe; chacun d'eux a su gagner l'estime des autres peuples de l'Europe. Nous avons trop de respect, trop de sympathie pour vouloir quelque chose qui pût leur être préjudiciable.

VI.

La Grèce et la Turquie.

Quelques politiques de salon, s'embarrassant fort peu du mouvement des idées, du travail intime qui s'opère parmi les races et des nobles tentatives auxquelles se livrent les peuples déchus, afin de se régénérer, prétendent que la Grèce est à jamais incapable de former une nation. Elle aurait, disent-ils, un territoire trop morcelé pour être normalement assez étendu. L'éclat jeté par la Grèce a largement servi à la civilisation des autres peuples de l'Europe, mais à cette heure, l'astre est éteint pour ne plus jeter désormais que l'éclat du souvenir. Le canon de Navarin n'a été qu'un prétexte; il annonçait à l'empire ottoman sa dissolution. Enfin, aucun habitant de ce pays n'ayant été jugé digne d'être placé sur le trône, puisque cet honneur fut confié à un prince bavarois, la Grèce doit renoncer à sa réhabilitation; il faudra qu'elle croupisse éternellement dans la servitude.

Ce langage, évidemment, est celui d'un *Russophile*. Ainsi, le temple de Minerve et celui de Jupiter Olympien deviendraient des musées russes; la botte du Tartare foulerait fièrement la terre de Sophocle, d'Euripide et d'Eschyle; l'éperon du cosaque retentirait sur les tombeaux de Solon, de Lycurgue, de Thémistocle, de Périclès et d'Épaminondas: tout cela, pour former une entité gouvernementale monstrueuse, pour ouvrir une voie au débordement des peuples du Nord. Les provinces russes sont presque désertes, et vous parlez de migrations au sud, vers l'orient! Mais vous en arriveriez, ainsi, à dépeupler l'intérieur de la Russie. Vous prolongeriez la Sibérie, non pas jusqu'aux monts Ourals, mais jusqu'aux frontières de l'Allemagne, car le courant attirerait à lui les peuplades de l'ouest de l'Empire.

Le territoire de la Grèce est trop morcelé; mais il est facile de l'agrandir, comme nous allons vous le démontrer tout à l'heure... Les Grecs sont incapables de se gouverner eux-mêmes, depuis quarante ans qu'on les a rendus à la liberté; mais combien de siècles la France, la plus compacte, la plus homogène des Puissances du monde, n'a-t-elle pas demandés pour en arriver à l'état où elle se trouve aujourd'hui?... Les Grecs sont encore des barbares: soit; mais aidez-les, protégez-les jusqu'à ce qu'ils aient appris à goûter les douceurs de la civilisation... Est-ce que, dans tous les pays, on ne donne pas au moins l'éducation première aux descendants des hommes illustres ou des bienfaiteurs de l'humanité? A ce titre, la Grèce a droit aux secours de l'Europe; bien plus, le repos de l'Europe y est engagé.

Gardons-nous de confondre l'invasion des Arabes en Espagne et au midi de la France avec l'invasion des Turcs vers la Grèce. Les Arabes avaient le goût des beaux-arts, de la science, de l'industrie; ils ne repoussaient pas précisément la civilisation. Les Turcs traînaient sur leurs pas le meurtre, l'incendie, la désolation, le néant. Ils ont dû leurs succès à l'appât du pillage, joint à cet esprit de fanatisme qui les poussait à immoler les chrétiens. Avouons qu'ils ont eu un puissant auxiliaire dans la rivalité, dans la jalousie, qui divisaient alors, entre elles, les Puissances de l'Europe. Aujourd'hui, tout cela est changé. Il faut absolument que la Turquie soit reléguée en Asie.

L'empire turc s'écroule de toute part. Nulle force, nulle autorité, ne pourraient le sauver du naufrage. Que serait-il, en efffet, si nous n'avions arrêté les troupes égyptiennes, à deux reprises différentes, et si nous n'avions empêché les Russes de passer les Balkans? Dites-nous, aussi, à quelle abominable anarchie, à quelles épouvantables extrémités cet empire n'eût pas été en proie si les économies de nos industriels, le salaire de nos ouvriers, n'eussent passé, sous voie d'emprunt, ou mieux, d'assistance, dans les caisses du sultan?... N'allez pas croire cependant que nous jugions cette mesure réalisable du jour au lendemain, et qu'il faille exterminer sur-le-champ la nation turque. Pas du tout. Retrempez la Porte Ottomane en la concentrant. Laissez-lui l'Asie Mineure et ses dépendances. Au lieu de Constantinople pour capitale, ne pourrait-elle choisir entre Brousse, Antioche, Smyrne, Gallipoli, Trébizonde?... Les Turcs ont un principe de vitalité qui est encore capable de soutenir l'empire ottoman, si on sait l'utiliser à propos et dans une juste mesure : le principe religieux.

On se forme, en général, une opinion fausse, tout à fait erronée, sur la Turquie et son gouvernement, soit qu'on ignore ou qu'on oublie les progrès qu'ils ont réalisés depuis un demi-siècle, soit qu'on les croie toujours plongés dans les ténèbres de l'ignorance et de la barbarie. Nous ne sachons aucun auteur qui se soit occupé de coordonner entre elles, d'une manière sérieuse et méthodique, les annales civiles, religieuses, politiques des Turcs depuis leur origine jusqu'à nos jours. Nous n'avons que des récits plus ou moins vrais, des notions plus ou moins exactes, de voyageurs, de touristes et d'écrivains auxquels l'esprit de fantaisie et l'ignorance des vraies sources de l'histoire, des mœurs et des habitudes des peuples qu'ils visitèrent, ont fait commettre de graves erreurs. Ainsi, pour n'en relever qu'une seule, et celle-ci est flagrante : ils ont reconnu et fait accepter comme éléments de la nationalité turque, à un degré de consanguinité un peu plus ou un peu moins rapproché, toutes les races répandues sur le sol de ce vaste empire, depuis les hordes mongoles jusqu'aux tribus nomades avoisinant les déserts de Syrie, sans tenir compte de leur différence d'origine, par cela seul qu'elles professent la religion du Prophète. Par suite de ces données confuses, mal déterminées, tous les désordres, tous les excès, tous les ravages, tous les crimes antisociaux des nations musulmanes ont été attribués aux Turcs.

Durant la période du moyen âge qui vit se scinder tant de peuples, — époque de triste anarchie où se développèrent les germes de profondes souffrances physiques et d'une honteuse dégradation morale, — la force seule existait, s'étant substituée au droit. En ces temps de violence, comme les nationalités n'avaient aucune base solide; comme les intérêts communs n'étaient nullement reliés entre eux; comme les ressorts sociaux, distendus et privés de cette affinité qu'engendrent le progrès, la civilisation et la diffusion des lumières, ne fonctionnaient qu'avec peine; enfin, comme nul principe ne protégeait la société, les peuples du Levant furent aisément conquis par les diverses migrations orientales qui envahirent leurs contrées. Voilà comment s'effectua la fondation de l'empire ottoman vers 1453.

Les diplomates et les écrivains russes, par exemple M. de Brunow; les hommes d'État voués corps et âme à la Russie, par exemple le duc de Raguse, prétendent que la Turquie est en voie de dissolution et que sa ruine est prochaine; mais qu'il nous soit permis de le faire observer : l'opinion de ces messieurs n'est pas impartiale; ils sont juges et partie dans leur propre cause. En effet, ils feignent de ne pas se préoccuper du travail auquel la Turquie se livre en ce moment afin de développer ses facultés; ils ne tiennent compte ni de ses aspirations vives, ni de ses élans énergiques, ni des efforts qu'elle tente afin de s'élever au niveau des peuples de l'Europe. Ils appellent cela une décomposition, une dislocation, tandis qu'en réalité c'est une recomposition, une transformation à subir. Est-ce qu'il n'y a plus d'époques dans la nature? Est-ce qu'il n'y a plus d'âges dans la vie des peuples? Est-ce qu'il n'y a plus de phases dans la société? Eh bien, favorisons de toutes nos forces ce laborieux retour à la vie des nations, mais dans des conditions acceptables.

Marchant sur les traces de Moïse, Mahomet confondit à dessein la loi civile, la loi politique et la loi religieuse, pour mieux les étayer l'une par l'autre. Il fut autrement novateur que Moïse, en ce sens qu'il ne limita nullement la patrie à telle ou telle contrée. Pour les musulmans, la patrie c'est la religion; la patrie est aux lieux où flotte l'étendard d'Allah et de son prophète... Les revers de leurs armées, la chute de leurs dynasties, le bouleversement des empires, l'affaiblissement des liens sociaux, la ruine des arts, la disparition des sciences, tout cela les a trouvés inébranlables! Est-ce que la patrie de Mahomet et son drapeau ne vous apparaissent pas resplendissants de gloire dans cette résistance victorieuse d'un petit coin de la Judée contre toutes les forces de l'Europe croisées sous la bannière du Christ? Est-ce que vous ne les retrouvez pas, cette patrie et ce drapeau, dans les victoires, les conquêtes et les progrès scientifiques des Arabes ainsi que dans le rôle vraiment fatidique que les Turcs ont joué en Asie et en Europe jusqu'au milieu du XVIIIe siècle? Chassez les Osmanlis de l'Europe sans les remplacer par les Grecs, vous verrez quel vide ils y laisseront et quel affreux cataclysme il en surgira! Alors l'envahissement aurait lieu par le fait même de la Russie; alors l'Europe, privée de contrepoids, serait comme un navire démâté, voguant à l'aventure sur le Grand-Océan. L'Océan, ce serait le peuple russe, à demi barbare, que soulèverait à son gré le dieu des tempêtes : le czar!... Consolidez la Porte-Ottomane en Asie, refoulez le peuple russe dans ses steppes, faites rentrer dans son lit cette mer courroucée, et, quand vous aurez ragréé le navire, vous le verrez s'élancer majestueusement vers les parages de l'avenir.

Toute chose a son temps et doit subir la loi des modifications imposées aux choses humaines par le progrès; aussi l'observateur consciencieux voit-il déjà se réaliser en partie ce vœu du sultan Mahmoud : « Il faut qu'on ne reconnaisse plus mes su« jets que dans leurs temples et dans l'exercice du « culte. »

Les Turcs, dédaignant de s'associer les populations vaincues et se confiant à leur isolement au milieu d'elles, ne formèrent d'abord qu'une grande famille, puis une immense tribu. La fusion des intérêts, le mélange des races, leur affranchissement, une organisation hiérarchisée avec méthode, eussent été, il est vrai, au temps de leurs triomphes, de puissants éléments d'une grandeur passagère; mais de vitalité, nous ne le pensons pas. Qui sait, en effet, si la bannière du Prophète n'aurait pas été emportée par le flot des peuples émigrants, ou si la nationalité ottomane n'aurait pas été absorbée par l'une de celles qu'elle aurait cru s'adjoindre? Moïse avait dit aux Hébreux : «Vous ne contracterez aucune alliance « avec les Philistins. » Après lui, Mahomet a dit à ses sectaires : « Ne vous alliez pas aux ennemis de la « foi. » Le peuple juif subsiste encore, et les nations musulmanes sont restées debout.

Les Turcs sont très-attachés à leur religion, qui maintient leur nationalité; il ne faut donc pas espérer détruire ce culte; laissez-le se détruire lui-même, si c'est possible. Par contre, la constitution de l'empire ottoman reposant sur le droit, la propriété, la famille et l'égalité des conditions, bases éternelles de tous perfectionnements sociaux, pourquoi ne chercherait-on pas à guider cet empire vers une voie civilisatrice, bien que certaines institutions, — provenant de la différence des mœurs, de l'éducation, du sol et du climat, — paraissent au premier coup d'œil devoir s'opposer aux futures réformes, bien qu'elles soient susceptibles de se modifier d'elles-mêmes aussitôt que le progrès leur aura fait sentir sa bienfaisante influence?

Le fanatisme dans les idées religieuses, poussé au-delà des limites de la raison, porte l'homme à commettre des actions qui déchirent pour un temps quelques mailles du réseau de sociabilité dans lequel se meut l'univers.

Par un zèle outré, mal entendu, les Turcs se tinrent longtemps éloignés de tout contact avec les peuples d'Occident. Ils reçurent d'abord avec un vif sentiment de répulsion les réformes et les innovations que les sultans essayèrent d'introduire parmi eux; mais les tentatives de Sélim furent plus heureuses que celles de Mahmoud, et leurs successeurs purent poursuivre avec quelque succès l'œuvre civilisatrice à laquelle Mahmoud succomba. Aujourd'hui l'administration intérieure s'organise insensiblement en Turquie; les services y fonctionnent avec une régularité relative; le progrès s'y infiltre d'une manière sûre, patiente, conforme au génie de son peuple, et d'une façon plus positive, plus rationnelle qu'en Russie, où tout est fallacieux, d'imitation maladroite, en désaccord avec la rudesse du climat et le caractère des habitants. Nous le demandons : pourquoi les arts, les sciences, les idées et les divers produits de la civilisation européenne ne prendraient-ils pas de nouvelles racines sur les côtes de l'Asie Mineure, sur ce sol si prodigue et si riche, sur ces lieux qui furent jadis leur berceau et leur première patrie?

Les réformes dont le pouvoir et l'autorité ont pris l'initiative adoucissent déjà les mœurs en Turquie. Qu'il y ait eu sur l'étendue de l'empire ottoman, en Europe comme en Asie, des excès commis contre les chrétiens, c'est ce que nous ne chercherons pas à nier; pourtant nous devons faire observer que ces attentats, grossis à dessein par les promoteurs de la politique russe, se sont toujours produits en dehors de l'action du gouvernement, et qu'ils étaient l'œuvre de quelque pacha rebelle, ou bien celle de misérables fanatiques ameutés par l'or de la Russie.

Réveillée du sommeil léthargique dans lequel ses facultés étaient plongées, la Turquie, nous en avons l'espoir, marchera désormais fraternellement côte à côte avec les Puissances occidentales. Qu'elle rejette donc comme indignes d'elles, comme un obstacle à sa future grandeur, les jouissances purement matérielles demandées jusqu'ici au repos et aux voluptés du harem; qu'elle utilise les dons merveilleux dont la Providence l'a douée si largement, et nous la verrons, s'élançant hors du sépulcre que la ténébreuse

Russie s'apprête à sceller sur elle ; nous la verrons, disons-nous, ressusciter à de meilleurs destins.... Quant à vous, Puissances occidentales, vous n'avez pas encore, vous le savez,—et plaise à Dieu que vous l'ayez bientôt ! — cet esprit révolutionnaire qui convie tous les peuples à la fraternité, idée féconde d'où naîtra un jour la solidarité universelle. Mais il vous importe de vous allier étroitement pour sauver l'Europe, pour lui donner un équilibre réel, et pour opposer une barrière infranchissable aux empiétements de la Russie.

Si nous avons jugé convenable de nous étendre sur les avantages qu'offrirait la concentration de la Turquie dans l'Asie Mineure, c'est que, à notre avis, le salut de l'Europe en dépend. Suivez, s'il vous plaît, ce raisonnement :

La Turquie étant refoulée hors de l'Europe, vous pourriez, sans cependant détruire sa nationalité, former l'empire grec au moyen des îles Ioniennes, de la Morée, de la Macédoine, de l'Albanie et de la Roumélie, avec les Balkans pour rempart. Vous pourriez donner à l'Autriche, en compensation de ce qu'elle céderait à l'Allemagne ainsi qu'à l'Italie, vous pourriez, disons-nous, lui donner la Bosnie, la Servie et la Roumanie. Les principautés moldo-valaques n'ont aucune raison d'être comme entité gouvernementale, nationale et politique. Le Pruth et les Karpathes serviraient de frontières au nord-est. L'Autriche aurait ainsi les bouches du Danube sur la mer Noire, et une longueur de côtes suffisante sur l'Adriatique, depuis Dévénik jusqu'au Monténégro, avec Zara, Spalatro, Raguse, Cattaro. La Pologne reconstituée posséderait la Courlande sur la Baltique, et la Bessarabie sur la mer Noire.... Croyez-le bien, dans cette combinaison gît le salut de l'Europe, le salut de la civilisation, le salut de la liberté !... La Grèce a brisé ses chaînes ; elle ne les reprendra jamais !...

VII.

Confédération Germanique.

Les partisans du fédéralisme visent à morceler, à dépecer de plus en plus les nationalités, espérant créer, par cet ordre de choses, un élément de cohésion d'autant plus fort que l'autorité souveraine serait partout plus restreinte. Les insensés ! ils ne s'aperçoivent pas que le seul résultat capable de surgir d'une pareille confusion, c'est le désordre. Cette multitude de principautés qui nous obligent, à chaque nouvelle période, de remettre sur le tapis la question des territoires ; cette troupe de souverains dont l'ambition porte sans cesse atteinte au repos de l'Europe, de quel droit, au nom de quel principe, les maintiendrez-vous à jamais ? Mettrez-vous en avant le droit du plus fort ? Mais ce droit est jugé, condamné. Parlerez-vous de féodalité ? Mais ce régime a été flétri par la conscience publique. Ces expressions géographiques tendent de plus en plus à élargir, à confondre leur territoire ; ces expressions politiques tendent de plus en plus à se concentrer, à fusionner entre elles pour former une constitution unitaire. Les unes et les autres, espérons-le, en seront bientôt réduites à l'état de souvenirs historiques.

Comment la Confédération germanique n'aurait-elle pas une politique versatile, empreinte de faiblesse, quand la Prusse et l'Autriche manifestent chacune des tendances particulières, des intérêts opposés, et que bon nombre d'États secondaires rêvent la création d'une troisième puissance, spécialement destinée à tenir les deux premières en échec ? Ah ! les gouvernements auxquels on doit attribuer la constitution du Corps germanique, — les signataires des traités de 1815, — rendront compte devant Dieu du mal qu'ils ont fait à l'Allemagne. Oserait-on soutenir qu'ils n'avaient pas entrevu l'instabilité, l'impuissance de cet amalgame de races antipathiques entre elles par la différence d'origine, de mœurs, de tempéraments, de caractères, de besoins, de religion et d'aptitude ? Non, non ! Ils semèrent l'anarchie pour obtenir le néant ; mais ils se sont trompés dans leurs calculs et ont récolté la tempête !

Les traités de 1815 étant devenus, de fait, une lettre morte, l'Angleterre se dit prête à les reviser. Cette déclaration est sans doute sincère de sa part, mais elle lui est arrachée par la force des choses ; ce n'est pas chez elle l'effet d'un élan spontané. De la part de l'Autriche et de la Russie, une pareille déclaration nous étonna ; aussi ces deux Puissances se sont-elles empressées de retirer leur adhésion. Quant à la Prusse et au reste de l'Allemagne, elles ont trop d'intérêt à réclamer la déchéance des dispositions qui les régissent pour qu'on ne les croie pas sur parole. Effectivement, en admettant même que les conventions accidentelles de 1815 aient été nécessaires un instant, ces conventions auraient dû avoir un caractère purement momentané, comme les circonstances d'où elles naquirent.

Lorsqu'on voit les pierres d'un édifice se détacher d'elles-mêmes et les murailles se lézarder de haut en bas, on est fondé à regarder comme imminente la ruine de cet édifice. Que fait-on alors ? On le jette par terre de peur qu'il n'ensevelisse quelqu'un sous ses décombres. S'il arrive qu'on veuille le rétablir, on reprend les fondations en sous-œuvre, on élargit les bases, puis on les consolide par tous les moyens dont l'art dispose... Eh bien, n'est-ce pas exactement la situation dans laquelle se trouve aujourd'hui la Confédération ? Le Corps germanique est dans la nécessité de consentir à tous les sacrifices, à toutes les démolitions que lui demandera son architecte. Ce nouvel architecte, c'est la Prusse. Celle-ci a donné assez de preuves de son savoir-faire en ce genre pour qu'on lui confie le soin de rebâtir l'édifice; seulement, lui permettra-t-on de suivre son plan, d'employer les matériaux convenables et de les disposer à son gré? Inutile de dire que les matériaux devront être les plus solides possible et que le plan devra présenter de l'ensemble, de l'harmonie, de l'unité...

Pour se convaincre d'une manière péremptoire de a faiblesse, de la décrépitude du monument élevé jadis pour servir de contre-poids entre la Prusse et l'Autriche, il suffit de se demander si la Confédération actuelle a réellement le pouvoir de remplir cet objet; les faits répondent tous par la négative. La Confédération manifeste-t-elle un vœu quelconque : on n'en tient pas le moindre compte. Lance-t-elle un décret, veut-elle faire acte de souveraineté : chacune des deux grandes Puissances lui rit au nez, élude le décret, l'interprète à sa guise et agit en conséquence... Un arbre qui ne porte pas de fruits, qui ne donne pas d'ombrage, on l'abat et on le remplace par un autre. Concluez.

Qu'on ne s'y opposât pas, la Confédération ferait rétrograder l'humanité au moyen âge. L'Angleterre s'efforce d'effacer, chez elle, les dernières traces de la féodalité; la Confédération s'applique à déblayer et creuser l'abîme. L'Europe marche, la Russie elle-même suit de loin le mouvement; la Confédération étend les bras pour arrêter l'essor des nationalités... Ouvrez les yeux, ducs, princes, margraves, landgraves, rois, empereur, souverains de la Confédération, et dites-nous pourquoi vous fermez votre esprit et votre cœur à la révélation politique de 89!... Les peuples ont acquis le jugement voulu : ils savent discerner le lien des sociétés, ils savent comment elles se maintiennent, ils ont apprécié la mesure des devoirs de l'obéissance et des droits du commandement, ils peuvent exiger l'application des règles d'équité si longtemps méconnues, bien que Dieu les ait gravées dans notre âme en traits ineffaçables... *Fiat lux!* et la lumière s'est faite. Elle rayonne en tous sens, au sein du peuple comme parmi les grands de la terre, car Dieu n'a légué à personne le privilége de la posséder exclusivement.

Au lieu de réserver l'autorité en faveur de quelques individus privilégiés on ne sait trop pourquoi, remettez-la aux mains de la justice. Lorsque l'essence du pouvoir s'identifie avec le génie de la nation, l'harmonie est effective; par contre, l'immobilité d'une part, et le mouvement de l'autre, engendrent des réactions dangereuses, nuisibles. Lequel devrait le mieux connaître les récifs et les écueils, celui qui vogue en passager paisible, ou celui qui tient le timon du navire? Il importe donc que les souverains prennent un peu plus de peine que celle de naître et qu'ils se consacrent à leur ministère.

Quand les rois sont inhabiles à tracer la route du progrès, lorsqu'ils ne s'inspirent pas du bonheur de la nation, le peuple leur indique la route à suivre, bien plus il l'impose : ce qui est regrettable, car l'autorité devrait toujours être respectée. Un pape prétendait que *le monde marche tout seul*. On aurait pu lui répondre : « Ainsi, nous n'avons pas besoin de « vous. »... Le Christ a dit : « Lorsque vous serez rassemblés, mon esprit sera avec vous. » N'arrêtez donc pas la volonté du peuple, sinon vous serez brisés par la force qui réside en lui, cette force à laquelle les plus ambitieux comme les plus humbles, les plus naïfs comme les plus trompeurs, rendent un hommage instinctif, puisqu'ils invoquent tour à tour la volonté nationale et la volonté divine. Heureusement, les préjugés disparaissent, les distances s'annihilent, toutes les barrières s'abaissent devant le progrès : peuples et rois commencent à fraterniser entre eux...

Si l'ensemble des connaissances d'une nation, si les nobles sentiments qui fermentent dans les cœurs de la masse, si les talents dont les effets grandissent par la puissance du nombre, par la réflexion et par l'étude, l'emportent sur le savoir et sur la volonté d'un seul, rangez-vous donc, ô monarques! à l'opinion publique et à l'expression de la volonté nationale. Développez les aspirations vers le beau, les tendances vers le bien et l'amour de la liberté, en propageant l'instruction, base désormais impérissable de la vertu sociale. Dites-nous : que sont devenus les princes qui résistèrent au torrent du progrès? Regardez... N'apercevez-vous pas des épaves sanglantes tourbillonner sur le flot populaire? Dieu vous garde d'un pareil courroux, et que le sort de quelques infortunés vous soit une leçon profitable, imprudents qui vous obstinez à nier la lumière et tentez d'arrêter le char du soleil!...

VIII.

Danemark, Suède et Norwége.

Le rôle de ces États ne demande qu'une simple esquisse, leurs intérêts étant identiques, au fond, et devant rester communs.

Les Danois, Suédois et Norwégiens sont des peuples autocthones appartenant à la race scandinave, avec un mélange de la famille teutonique pour ce qui concerne le Jutland et le Sleswig-Holstein, c'est-à-dire la presqu'île au-delà de l'Elbe. Après avoir eu, longtemps, une multitude de petits souverains, ils se formèrent en trois divisions : le Danemark, la Suède et la Norwége.

En 1319, à l'extinction de la famille qui régnait sur la Norwége, les nobles offrirent la couronne à Magnus VIII, roi de Suède.

Olaf IV, petit-fils de Magnus, ayant été élu roi de

Danemark en 1376, eut occasion, quatre ans plus tard (1380), de réunir la Norwége au Danemark. Cette fusion a subsisté jusqu'en 1814, comme nous le verrons bientôt. Ainsi, la Norwége, bien qu'elle jouisse d'une Constitution particulière, a été possédée tour à tour par la Suède et par le Danemark.

L'an 1456, Christian Ier, roi de Danemark, fut appelé au trône de Suède par une partie de la nation. La fusion des trois royaumes fut aussitôt consommée et dura jusqu'à l'époque où Gustave Wasa devint roi de Suède (1523). Les trois royaumes se trouvèrent réunis pendant soixante-sept ans sous un même sceptre. Si Charles XII avait eu le bonheur de disposer d'un pareil avantage, les fastes de l'histoire auraient eu bien d'autres exploits à enregistrer de sa part, car ce vaillant capitaine aurait eu des forces suffisantes pour refouler les Russes dans leurs steppes.

Gustave IV, monté fort jeune sur le trône de Suède (1792), compromit le sort de ses États par une série de maladroites fluctuations entre la France d'une part, l'Angleterre et la Russie de l'autre. Cette dernière lui enleva la Finlande, la France lui prit Stralsund et Rugen, qui passèrent à la Prusse après 1815. Déposé en 1809, la couronne échut à son oncle, le duc de Sundermanie, qui se fit appeler Charles XIII. Ce souverain n'avait pas d'enfant mâle; il adopta Bernadotte et lui conféra le titre de prince royal. Bernadotte, jeté par la main du Destin dans

Cuirassiers. Hussards. Infanterie de ligne. Infanterie de la garde.

La landwehr prussienne.

l'alliance russe, préféra les intérêts de sa patrie adoptive à ceux de la mère-patrie. Il combattit avec succès les troupes françaises en 1812-13, et les poursuivit jusqu'au Rhin en 1814 ; toutefois, craignant de poser un pied sacrilége sur le sol de la patrie, il s'arrêta aux frontières. A la mort de Charles XIII, il lui succéda sous le nom de Charles-Jean. Ce monarque habile, prudent, a fait jouir la Suède d'une prospérité dont elle avait perdu le souvenir.

Les Suédois sont très-braves ; ce sont d'excellents soldats et de bons marins ; ils ont cela de commun avec les Norwégiens. Quant aux Danois, ils constituent, malgré leur bravoure, une nation plus spécialement maritime. Lorsque la lutte entre la France et l'Angleterre eut pris des proportions immenses après l'avénement de Napoléon à l'Empire, le Danemark, dont la marine était jalousée par l'Angleterre, embrassa le parti de la France et lui resta fidèle dans la mauvaise fortune avec une loyauté, avec un héroïsme peu fréquents ; aussi les Anglais bombardèrent-ils Copenhague, en 1807. La population, enthousiasmée par l'exemple de son roi, Christian VII, se défendit avec une rare vaillance. Le successeur de ce prince, Frédéric IV, suivit la même conduite; c'est pourquoi les alliés enlevèrent la Norwége au Danemark, en 1814, pour en gratifier la Suède, c'est-à-dire pour favoriser Bernadotte.

« L'infortuné roi de Danemark, » ainsi que s'exprime M. Thiers au cinquante-sixième chapitre du CONSULAT ET L'EMPIRE, « fidèle à la France, parce « que ses principes maritimes le liaient à elle plutôt « qu'à l'Angleterre, agit avec une parfaite loyauté. « Après nos défaites, forcé de nous abandonner, il « le fit sans aucune duplicité. Mal récompensé de sa « conduite honorable, à cette époque de violence, « puisqu'on lui avait enlevé la Norwége pour procu« rer à Bernadotte un dédommagement de la Fin« lande, province que la Russie s'était attribuée, » il se rendit au Congrès de Vienne (1814), dans l'intention de se faire restituer la Poméranie suédoise, qu'on lui avait promise, sans préjudice d'une indemnité supplémentaire; or la Poméranie suédoise, qui comprenait Stralsund et l'île de Rugen, convenait à la Prusse. Cette puissance s'était assuré, par des échanges bien compris, une continuité de territoire depuis le Rhin jusqu'au Niémen. La Poméranie suédoise la mettait en possession des bouches de l'Oder ainsi que du rivage de la Baltique, depuis le Mecklembourg jusqu'à Mémel. Frédéric VI fut donc obligé d'accepter de la Prusse le petit duché de Lauenbourg que le Hanovre lui avait cédé depuis peu, lequel est adjacent au territoire du Holstein, dépendance du Danemark. Ici, laissons la parole à M. Thiers; nous verrons comment il apprécie les Congrès, en général, et notamment celui de Vienne, auteur du fameux traité de 1815 :

« Le Danemark ne trouvait là ni un équivalent de « la Poméranie suédoise, ni surtout l'accomplisse« ment de la promesse solennellement faite d'un « complément d'indemnité pour la Norwége. La « Prusse imagina d'y suppléer avec quelques milliers « d'écus, car il lui fallait du territoire à tout prix, « même en le payant quand elle ne pouvait le pren« dre de force. Le roi de Danemark, en désespoir de « cause, jugeant qu'il valait mieux un territoire con« tigu à ses États du Holstein qu'un territoire éloi« gné comme la Poméranie suédoise, et d'ailleurs « peu rassuré, puisque la Suède refusait de le livrer, « se résigna enfin aux propositions de la Prusse. Par « les qualités de son souverain, par les qualités de « son peuple, par son honorable conduite, par sa « position de gardien du Sund qui le rendait plus « nécessaire à l'équilibre européen que beaucoup « d'autres, le Danemark aurait mérité un meilleur « traitement. Mais il était du parti des vaincus, et si « les vaincus, lorsqu'un seul homme était le vain« queur, comme sous Napoléon, avaient quelque « chance de toucher sa générosité, ils n'en avaient « aucune quand le vainqueur se composait, comme « ici, d'une coalition de Puissances, occupées uni« quement de leurs intérêts, pressées de prendre « leur part en courant, et n'ayant pas de cœur, pas « même de pudeur, parce que dans une collection « chacun des membres rejette toujours sur l'ensem« ble les actes dont il aurait à rougir... » Et maintenant, soutenez donc le fond, l'esprit, la forme et la lettre des traités de 1815 !...

Touchons ici un mot de la question du Holstein. Voici ce que disent les historiographes de l'Encyclopédie au sujet de la transmission héréditaire de ce duché : « La famille de Schauenbourg le conserva « pendant plus de 350 ans. Sous cette dynastie, le « Sleswig fut uni au Holstein (1386), et cette union a « persisté jusqu'à nos jours avec de très-courtes in« terruptions. La maison de Schauenbourg s'étant « éteinte en 1459, les États élurent, en 1460, Chris« tian Ier, roi de Danemark, mais en stipulant que le « Holstein ne serait pas pour cela réuni au Dane« mark et aurait toujours ses princes à part et une « administration propre. Deux petits-fils de ce prince, « Christian III (roi de Danemark de 1533 à 1559), et « Adolphe, son frère cadet, partagèrent entre eux « le duché, en 1544 ; ils devinrent ainsi la souche « de deux branches principales : la branche aînée « ou *branche royale*, qui continua de régner sur le « Danemark et occupe encore aujourd'hui le trône « de ce pays par accession de la voie agnatique, avec « l'assentiment des Puissances; la branche cadette « ou *branche ducale*, qui eut en partage le château et « le territoire de Gottorp, et prit de là le nom de « *Holstein-Gottorp*. Cette seconde branche a donné « elle-même naissance à deux rameaux : celui de « Holstein-Gottorp proprement dit, d'où est sortie « la famille qui règne en Russie depuis 1762; et ce-

« lui de Holstein-Gottorp-Eutin, d'où est sortie la « famille qui régna sur la Suède de 1751 à 1818. La « branche ducale de Holstein-Gottorp et la branche « royale de Holstein ont été sans cesse en guerre « pour la possession de diverses parties de ce duché; « leurs querelles n'ont cessé qu'en 1773, par un ar« rangement en vertu duquel le roi de Danemark est « devenu seul possesseur de tout le Holstein, en cé« dant à une branche des ducs de Holstein-Gottorp « le duché d'Oldenbourg. » Mais passons à l'histoire contemporaine.

Nous l'avons déjà dit, la Prusse et l'Autriche, en laissant subsister en Allemagne les traces de la féodalité, en *organisant la division*, avaient chacune leur mobile : la Prusse désirait s'étendre peu à peu le long de la Baltique; l'Autriche espérait affermir à jamais sa prépondérance continentale; en outre la Confédératien germanique, à l'exemple de ces agglomérations sans âme dont parle M. Thiers, se ménagea la possibilité, à l'aide de certaines stipulations mal définies, d'exercer au besoin la souveraineté sur certaines portions de territoire et de s'ingérer dans leurs affaires, bien qu'elles ne lui fussent attachées que par un simple lien fédéral.

Par l'acte constitutif de la Confédération, le Holstein, — faveur dont le Danemark se serait bien passé, — fut désigné pour faire partie du Corps germanique; c'était sans doute une mesure de précaution prise par l'Allemagne contre le Danemark, possesseur du Sleswig et du Holstein. Les traités, tout en reconnaissant que le Sleswig n'est nullement soumis à la suprématie du corps germanique, n'en avaient pas moins décidé, par la plus singulière anomalie, que ces deux États devaient rester éternellement unis entre eux, bien qu'ils eussent, l'un et l'autre, une administration distincte. Cette prétention porte tellement le cachet de l'absurde, que la Prusse ellemême ne put s'empêcher de le reconnaître par sa déclaration formelle de 1823.

A partir de 1830, le mouvement des idées en Allemagne et les tendances de la Prusse à l'envahissement suscitèrent au Danemark une vive opposition. Cette opposition aboutit à une révolte à laquelle prit part la maison d'Augustenbourg. L'exécution fédérale ayant été prescrite par la Diète à l'effet d'incorporer aussi le Sleswig à la Confédération, — mesure d'une criante iniquité, — on en vint aux armes. Après une longue série d'opérations peu décisives, dans lesquelles le Danemark fit preuve d'une grande énergie, un traité de paix fut signé avec la Prusse le 2 juillet 1849. Les insurgés tentèrent bien de reprendre les armes, mais ils furent battus et dispersés.

Frédéric VII n'avait pas d'enfant mâle. Afin d'éviter que la couronne de Danemark n'échût en partage à une femme, sa parente, l'épouse du landgrave de Hesse, et qu'une partie du Holstein ne passât, ou bien à l'empereur de Russie (branche de Gottorp), ou bien au duc d'Augustenbourg (branche collatérale de Sonderbourg), il ouvrit des négociations, obtint le désistement de l'empereur Nicolas, acheta, moyennant une somme considérable, la renonciation du duc d'Augustenbourg, et institua son héritier pour la totalité du Danemark, y compris les duchés, le prince Christian de Glücksbourg, époux d'une des filles de la landgrave de Hesse. Les Puissances souscrivirent à ces dispositions par le traité de Londres (8 mai 1852).

En 1855, Frédéric VII, qui avait déjà gratifié le Danemark d'une constitution fort libérale, voulut étendre certaines institutions de même nature au Holstein et au Sleswig, bien qu'il leur laissât à chacune leur diète. La Diète germanique, qui ne s'est jamais avisée d'élever la moindre objection lorsque la Prusse, l'Autriche ou l'un des quatre royaumes secondaires ont jugé convenable de modifier leur gouvernement intérieur, protesta violemment. On sait que la raison du plus fort est toujours la meilleure. De cette protestation naquit une foule de mesures irritantes. Le roi de Danemark, mis en demeure d'établir un gouvernement commun pour les deux duchés, disposition absolument contraire au texte même du pacte organique primitif, assembla le Risgraad qui vota, le 13 mars 1864, une constitution applicable au Danemark et au Sleswig seulement, non au Holstein.

En agissant de la sorte, le Risgraad indiquait suffisamment qu'il ne voulait pas se brouiller avec la Confédération et ne songeait nullement à empiéter sur ses droits de suzeraineté vis-à-vis ce duché. Le Corps germanique aurait dû se déclarer satisfait; il n'en fut pas ainsi, car les événements le servirent à souhait dans son désir de chercher au Danemark une véritable querelle d'Allemand.

Le lendemain de la délibération du Risgraad, Frédéric VII mourut presque subitement (14 mars 1864). Le prince de Glücksbourg monta sur le trône de Danemark; mais l'Allemagne s'opposa à ce qu'il prît le titre de souverain du Holstein, lança le prince d'Augustenbourg en avant et lui permit de prendre le titre de duc du Sleswig-Holstein, quoique son père eût vendu ses droits à Frédéric VII contre argent comptant, au vu et su de tout le monde.

Volte-face incroyable! Les souverains d'Allemagne, petits et grands, qui avaient tous adhéré au traité de Londres passé en 1852, s'empressèrent de le frapper de nullité. Le Danemark, placé au ban de la Confédération, dut se mettre sur la défensive. Ses troupes, dans l'impossibilité de défendre la ligne retranchée du Dannewirke, firent une admirable résistance à Duppel. Néanmoins Christian, après l'occupation du Jutland et de l'île d'Alsen par l'armée fédérale, fut réduit à signer le traité de Vienne (30 octobre 1864), par lequel il abandonnait les duchés de Sleswig-Holstein à la Confédération germanique pour qu'elle eût à statuer sur la question de savoir à qui revenait de droit la souveraineté.

La Prusse et l'Autriche, que la Confédération avait chargées de l'exécution fédérale, ne se virent pas plutôt maîtresses des duchés qu'elles éliminèrent le prince d'Augustenbourg; ensuite, au lieu de régler le différend, elles l'arrangèrent selon leurs intérêts. En vertu du traité de Vienne, elles occupèrent conjointement le territoire en litige, comme des copartageants; puis, à la suite de la convention de Gastein (14 août 1865), elles firent cesser cet état indivis appelé par elles *Condominium*, — latin barbare de la féodalité, — en occupant, l'une le Sleswig, l'autre le Holstein.

Évidemment, il existe un traité secret passé à cette occasion entre ces deux puissances. La Prusse est animée d'une envie incommensurable de posséder les deux duchés afin de pouvoir développer son extension maritime. L'Autriche y aurait consenti pourvu que la Prusse se fût conformée aux conditions du traité secret. La Prusse, établie solidement dans le Sleswig et plus à même de s'emparer du Holstein à cause de la proximité de ses États, fit la sourde oreille aux réclamations de l'Autriche; bien mieux, craignant d'avoir à se repentir par la suite si elle contribuait à dissiper les embarras de sa rivale, elle conclut un traité de paix avec l'Italie : *Inde iræ!...* L'indignation poussa l'Autriche au-delà des bornes dont la prudence aurait dû lui faire un devoir dans la position délicate, difficile où elle se trouve. Elle compte sur l'appui de la Confédération, peut-être même sur celui de la Russie, pour reconquérir l'Italie et humilier la Prusse; mais ne serait-ce pas une erreur de son cerveau malade et oublieux? La colère l'aveugle, lui cause des vertiges!... En définitive, n'est-ce pas pitoyable de voir que la rivalité de ces deux Puissances, jalouses l'une de l'autre, n'ait servi qu'à allumer la torche qui incendiera bientôt l'Europe?...

Le bruit avait couru, pendant la guerre du Sleswig-Holstein, que la Suède prêterait son concours au Danemark. Nous regrettons pour la Suède qu'elle n'ait pas pris cette détermination, malgré les défiances de la Russie; elle eût entraîné indubitablement les Puissances occidentales. Quant au Danemark, trop faible pour lutter contre la Prusse et l'Autriche, qui s'étaient unies à l'effet de le dépouiller du Sleswig-Holstein sous le beau prétexte de faire exécuter les décisions de la Diète; le Danemark, disons-nous, a dû, tout en protestant contre la violence, se soumettre au fait accompli. Mais aujourd'hui, en vertu de sa protestation et par suite de la rupture qui est devenue imminente entre ses agresseurs, ne pourrait-il pas faire revivre ses droits?

Poser la question en ces termes, c'est la résoudre, l'abus de force majeure étant un cas de nullité au premier chef. Toutefois, n'y aurait-il pas encore une ligne de conduite plus conforme aux intérêts du Danemark? Examinons bien... La pudeur lui interdit de prendre parti, soit pour la Prusse, soit pour l'Autriche. Que le conflit austro-prussien se termine par un compromis entre les Puissances belligérantes, si le Danemark prend les armes, elles lui feront payer les frais de la guerre. Que l'Autriche fût victorieuse, elle remettrait à la Diète le droit de disposer des Duchés de l'Elbe, du moins telle est l'intention dont la cour de Vienne se dit animée. La Prusse, de son côté, si le sort des armes la favorise, gardera les Duchés; bien mieux, elle s'emparera du Jutland, si bien que les Danois, expulsés du continent, en seront réduits à quelques îles. Dans l'un comme dans l'autre cas, les éventualités sont précaires et le Danemark n'a qu'une chance : celle d'être sacrifié... Eh bien, ne serait-il pas préférable que les trois peuples de race scandinave, les Danois, les Suédois et les Norwégiens, eussent le bon esprit de fusionner entre eux? L'un des deux souverains, celui de Suède ou celui de Danemark, abdiquerait en faveur de l'autre. Le nouveau royaume, ainsi constitué, obtiendrait facilement l'alliance de la France et de l'Angleterre.... Voyez-vous, d'ici, la Russie contrainte de restituer la Finlande et de procéder au rétablissement de la nationalité polonaise?... Notre proposition n'a rien de bien extraordinaire, le roi Christian ayant offert d'abdiquer si cela devait profiter au pays.

La Suède, il faut l'avouer, est bien déchue de son ancienne splendeur. Les luttes qu'elle a soutenues jadis si vaillamment et avec tant de ténacité dans le malheur, contre le colosse russe, l'ont tellement épuisée que l'on ne saurait, en vérité, lui faire un crime de la prudence, de la timidité un peu méticuleuse qu'elle apporte dans sa conduite à l'égard des hautes Puissances occidentales. Cependant le moment est venu pour elle de se prononcer. Si elle ne saisit l'occasion de reconquérir sa position passée, l'occasion de recouvrer les plus beaux fleurons de sa couronne, jamais elle ne la retrouvera.

Qu'elle fasse un dernier effort, un dernier acte de courage; qu'elle se relève de son abaissement au rang de puissance de troisième ordre; qu'elle joigne avec fierté son drapeau à ceux de la France et de l'Angleterre, et non-seulement elle réhabilitera son vieil honneur national, non-seulement elle effacera le souvenir de ses désastres, mais elle agira dans le sens de ses véritables intérêts. Qu'elle ose, qu'elle ose encore! Qu'elle réclame, armée de la sainteté de sa cause et de sa vieille épée, les provinces que lui a violemment arrachées la Russie; et, si la victoire doit couronner le droit, qu'elle ait bon espoir. Mais quoi qu'il advienne, qu'elle se fie à la fierté britannique et à la loyauté de la France.

En tout état de choses, l'union fait la force. Ce

n'est qu'à la condition d'obéir à cette règle invariable que la race scandinave verra s'ouvrir devant elle une destinée prospère. Nous souhaiterions, aussi, que le roi de Suède se souvînt qu'il a du sang français dans les veines.

IX.

Prusse.

A vrai dire, nous n'éprouvons, nous autres Français, qu'une médiocre sympathie pour la Prusse. L'affaire de Leipzig est une de ces félonies qu'on n'oublie pas aisément; mais ce n'est pas le moment de récriminer. Occupons-nous de l'avenir de l'Europe, et examinons les choses de sang-froid.

Nous ne le cacherons pas: s'il s'agissait ici de simples relations entre les têtes couronnées, la conduite du roi de Prusse envers l'empereur d'Autriche dans la question des duchés de l'Elbe, précisément à l'heure où la situation s'aggrave par suite de l'attitude hostile de l'Italie; cette conduite, disons-nous, ne serait pas à l'abri de tout blâme, car elle pèche par un manque de délicatesse. Toutefois, en politique, lorsque la destinée des nations est en jeu, les personnalités et les actes individuels n'ont qu'une importance relative. Les princes sont tenus de faire passer l'intérêt du pays avant les liens du sang ou ceux de l'amitié.

Il est démontré, aujourd'hui, que les gouvernements prennent leur force dans l'opinion publique. La politique la mieux affermie, celle qui a le plus de chances de réussite, est donc le résultat d'un accord harmonique entre les peuples et leurs gouvernements; le contraire appelle la révolution. En se rendant aux vœux de la Prusse, en dotant le pays d'une constitution libérale, la dynastie prussienne s'est consolidée; bien mieux, elle attire l'Allemagne.

On prête à la Prusse de vastes desseins. Ou bien elle voudrait constituer, par l'annexion de plusieurs États de second ordre, un Empire allemand et poser la couronne impériale sur la tête du roi Guillaume; ou bien elle viserait à organiser une confédération allemande dont elle deviendrait l'âme en excluant celles des provinces de l'Autriche qui n'appartiennent pas à la nationalité germanique.

On le sait, l'importance de la maison de Brandebourg ne date que de 1640, sous le Grand-Électeur, Frédéric-Guillaume. Ce fut en 1701 que la Prusse quitta son titre de duché pour prendre celui de royaume. Depuis lors, elle a eu la bonne fortune d'avoir pour souverains des princes éclairés, de mœurs simples et austères, qui se sont étudiés à préparer son élévation au rang de puissance de premier ordre. Ils y ont réussi. A chaque nouveau règne, la Prusse augmentait son territoire, quelquefois par des conquêtes diplomatiques, le plus souvent par la guerre, car ses souverains ont presque tous été belliqueux. Aujourd'hui, sauf erreur de notre part, elle touche à la réalisation de ses plus chères espérances; or ses vœux, en cela, sont conformes à ceux de la majorité du peuple allemand.

La Prusse est infiniment plus homogène que l'Autriche. Sa population, à part celle du duché de Posen, ne se compose que d'Allemands. Elle a eu le bon esprit de traiter ses Polonais beaucoup mieux que la Russie et l'Autriche ne traitent les leurs. Au point de vue allemand, sa prépondérance sur la Confédération germanique lui est donc légitimement acquise. Qu'on veuille bien le remarquer, nous parlons des peuples et non des princes appartenant au Corps germanique.

La compacité de la Prusse, sa configuration géographique, la possibilité de devenir bientôt une puissance maritime, l'agrandissement probable de son territoire continental, son éducation militaire, les idées que son gouvernement se complaît à développer parmi la population, sont autant de motifs qui inquiètent l'Autriche et lui font craindre que sa rivale ne rompe la pondération illusoire sur laquelle repose le pacte fédéral de l'Allemagne. Évidemment, la Prusse a des intentions qui ne sont pas de nature à réjouir l'Autriche. Les faits ont une éloquence incontestable.

Depuis longtemps, dit-on, la Prusse se serait engagée dans la voie qu'elle suit aujourd'hui, si elle n'eût été empêchée par des considérations d'un ordre tout à fait personnel. Certains incidents politiques contribuèrent aussi à lui faire retarder ses manifestations. Il lui eût été facile, en 1848-49, de déposer le masque à la faveur de l'insurrection hongroise; mais elle risquait de se trouver en face de la République française dont le concours ne lui était pas assuré d'une manière formelle, et en présence de la Russie accourue au secours de l'Autriche. En 1859, la guerre d'Italie rendait l'occasion propice. Cette fois, encore, la Prusse dut remettre l'exécution de ses desseins à une époque plus reculée, la Confédération ayant manifesté l'intention de porter secours à l'Autriche dans le cas où celles des provinces de cet empire qui appartiennent au Corps germanique seraient menacées. Durant cet intervalle, le gouvernement prussien s'est mis à travailler l'esprit un peu indolent, un peu apathique de l'Allemagne; il a produit une sorte d'enthousiasme patriotique, et, laissant de côté les considérations dynastiques, de parenté ou d'alliance matrimoniale, il a déclaré vouloir appuyer ses prétentions par les armes. Nous le félicitons d'une semblable résolution; en outre, nous lui savons gré de ce qu'il ne prend pas l'Autriche en traître et n'ait pas attendu que celle-ci fût aux prises avec l'Italie pour se prononcer. Avouons, néanmoins, que la Prusse et l'Italie jouent de bonheur.

Aux yeux des amis de l'Autriche, aux yeux de ceux qui ont quelque chose à perdre et n'ont rien à gagner à la guerre, M. de Bismark passe pour un brouillon, un écervelé, un casse-cou; au fond, la politique de cet homme d'État reflète les aspirations secrètes de la majeure partie de l'Allemagne, nous dirons même de la jeune Allemagne tout entière. Il serait donc on ne peut plus fâcheux que le ministre du roi Guillaume fût obligé, par suite d'une opposition antinationale et systématique, d'en venir à un coup d'État pour vaincre la résistance de la Chambre qui doit bientôt sortir de l'élection populaire. Jamais l'union entre le pouvoir exécutif et la représentation nationale n'a été, pour la Prusse, plus nécessaire qu'en ce moment. Que les électeurs et le gouvernement veuillent bien y songer : c'est une question de vie ou de mort!...

Assurément, M. de Bismark brille par une foule de qualités : les ressources de l'imagination, les dons de l'esprit, la ténacité, l'énergie, et par certaine hardiesse aventureuse qui ne nous déplaît nullement, au contraire. Il aspire à jouer, pour la Prusse, le rôle que M. de Cavour joua pour l'Italie avec tant de succès; que Dieu le seconde dans sa noble entreprise!... Ceci posé, nous ne saurions lui accorder l'honneur d'avoir inauguré la politique que la Prusse suit en ce moment. Il a su tirer un bon parti des circonstances, il a eu le courage de se mettre en avant et d'*attacher le grelot*, mais il ne fait que suivre la ligne de conduite tracée par les divers souverains qui se sont succédé sur le trône depuis Frédéric Ier, notamment par Frédéric le Grand. Lors de l'établissement de l'union douanière du Zollverein, la Prusse, en prenant cette initiative, ne songeait-elle pas autant à se populariser en Allemagne au détriment de l'Autriche qu'à favoriser son développement commercial et maritime? Les divers traités de commerce qu'elle a passés depuis cette époque, ainsi que la reconnaissance officielle du royaume d'Italie, n'accusaient-ils pas une portée analogue? Le voile était trop transparent pour que l'Autriche pût se méprendre à ces actes significatifs. Comment se fait-il donc qu'elle se soit embarquée avec la Prusse dans l'affaire des duchés de l'Elbe, presque uniquement pour lui faire plaisir? Cette mystérieuse affaire s'éclaircira sans doute lorsque la grande voix du canon se sera fait entendre.

Ici, nous prions M. de Bismark de prendre en sérieuse considération les observations suivantes :

On a longtemps accusé la Prusse de tenir un rôle fort douteux envers la France. Qu'elle y prenne garde! cette conduite ambiguë pourrait lui devenir funeste et avoir pour elle des conséquences qu'elle ne prévoit pas, conséquences dont il nous est interdit de parler encore. Il faut qu'elle se décide; il faut qu'elle opte promptement entre l'alliance avec la France et l'alliance avec la Russie.... On ne se contenterait pas de vains mots, cette fois-ci.

La France, tout nous le fait entrevoir, accéderait volontiers à la formation d'un empire d'Allemagne, ou bien à l'organisation d'une Confédération allemande dont la Prusse serait tout à la fois la tête, le bras et le cœur. La Russie penche vers l'Autriche; si par hasard elle n'intervient point dans le démêlé, ce sera de peur d'avoir affaire à la France. L'Angleterre voit avec déplaisir que la puissance maritime de la Prusse est sur le point de prendre une extension considérable. Elle vient de déclarer en plein parlement, par l'organe du Chancelier de l'Échiquier, que l'Autriche, et non la Prusse, avait ses sympathies dans le conflit survenu à cause de la possession des duchés de l'Elbe. En conséquence, si la Grande-Bretagne reste neutre, ce sera uniquement pour complaire à la France, avec laquelle elle se trouve dans les meilleurs termes d'entente cordiale. Voilà ce que la Prusse pourra gagner à s'unir avec la France. Si elle cherchait, au contraire, à nouer un pacte secret avec la Russie, elle s'aliénerait la France, s'exposerait à rencontrer la flotte anglaise soit à Kiel, soit à Altona, et n'obtiendrait pas grand' chose de la Russie, dévouée en cette occasion aux intérêts de l'Autriche.

Les rois de Prusse ont eu longtemps pour les czars des sentiments de vive affection et de gratitude; mais, nous le répétons, dans les affaires de peuple à peuple, quand il s'agit de la raison d'État, il est interdit aux souverains d'écouter leurs sentiments personnels.

Si le parti de la Russie compte des partisans en Prusse, ils sont peu nombreux, quoique assez influents, et appartiennent, en général, soit à la noblesse, soit à la haute bureaucratie; par contre, la politique occidentale, celle qui affirme le progrès, la liberté et les nationalités, a pour elle les sympathies de la nation.

Il ne faut pas que la Prusse se croie tenue envers la Russie à des sentiments d'une inviolable reconnaissance. Que le cabinet de Berlin ne se fasse pas la moindre illusion à ce sujet. La conduite de la Russie, à l'égard de la Prusse, lui fut toujours dictée par des motifs d'intérêt que nous allons expliquer en peu de mots.

Quand la maison de Brandebourg voulut s'agrandir, la Russie lui prêta aide et sérieuse assistance, de sorte que la Prusse parvint à s'ériger en royaume. Mais cette érection n'eut lieu, elle ne fut consentie par la Russie que dans le but de se ménager une grande influence au sein de la Confédération germanique, de tenir constamment en échec la maison d'Autriche par la menace d'un compétiteur à l'empire d'Allemagne, et de couvrir ses frontières, de ce côté, par une armée assez considérable pour s'opposer à toute agression extérieure et dont l'entretien ne serait pas à sa charge. Comprenez-vous?

Si la Russie venait jamais à réaliser ses projets sur l'Orient, sur la Bessarabie et les Principautés, dès lors la Prusse verrait quel avenir lui serait réservé. Elle verrait combien de temps son indépendance et sa nationalité subsisteraient encore; elle verrait, dans un délai en dehors des prévisions humaines, mais que les calculs de la politique pourraient cependant apprécier ; — elle verrait si elle ne finirait pas bientôt par devenir elle-même une province de l'Empire russe.

La Prusse est dirigée par des hommes d'État qui n'ont guère l'habitude de dire aujourd'hui ce qu'ils feront demain ; aussi ne chercherons-nous nullement à conjecturer ou à prévoir ce que doivent amener leurs combinaisons diplomatiques. Mais, si la Prusse écoute son véritable intérêt, si elle obéit aux tendances de son peuple et qu'elle embrasse ouvertement la politique de la France, elle fera un acte de sage prévoyance; en outre, elle sauvegardera l'avenir, qui nous apparaît menaçant au cas où elle ne mettrait pas obstacle à la réalisation des projets enfantés par l'ambition de la Russie et l'antagonisme de l'Autriche.

Nos conjectures nous portent à penser que la France et l'Italie, au moins, sinon l'Angleterre, n'ont pas dû tolérer jusqu'à présent une position aussi fausse que celle prise à leur égard par l'Autriche et la Russie, et que les premières de ces Puissances se seront probablement liées à la Prusse par un traité secret en vue de résister aux 1,500,000 hommes que la Russie et l'Autriche tiennent sous les armes.

Que la Prusse y songe bien : la politique à double face, celle qui procède par voies détournées, la conduirait à des résultats antinationaux et désastreux; tandis que celle qui marche à visage découvert, qui repose sur les règles de la morale, du progrès, de la civilisation, et qui s'appuie sur le principe des grandes nationalités, lui indique l'alliance avec la France et l'Italie comme l'unique moyen de pacifier l'Europe, en opposant au colosse russe une barrière infranchissable.

X.

Autriche.

L'Autriche a déclaré dernièrement à la Diète qu'elle pouvait jeter en toute assurance un regard en arrière sur ses relations avec la Prusse dans l'affaire des Duchés de l'Elbe. Nous l'avons vue, aussi, dans le premier manifeste relatif à son adhésion au Congrès, se targuer de ne rien posséder qu'en vertu de droits acquis. Quelle étrange pétition de principes, ou mieux quelle affreuse confusion de principes! Est-ce qu'un pacte passé sans l'agrément du possesseur légitime saurait créer des droits à celui qui détient par la violence? Est-ce que la prescription existe en matière de nationalité? L'Autriche, en invoquant les traités de 1815, fait ressortir la faiblesse de sa cause et l'odieux de sa conduite ; elle avoue implicitement n'avoir aucune bonne raison à alléguer et en être réduite à invoquer un traité inique, consacrant l'abus de la force.

La versatilité imputable à la Confédération germanique brille encore d'un plus vif éclat dans la conduite de l'Autriche. Ainsi, après avoir formulé en termes généraux son adhésion au Congrès proposé par l'Empereur Napoléon III, nous l'avons vue, à peu de jours d'intervalle, poser des restrictions qui rendaient impossibles toutes négociations subséquentes. Rien de bien étonnant... La Russie lui aura adressé quelque ouverture favorable, et l'Autriche de monter aussitôt à cheval, de tirer son sabre de bataille et de se jouer de la diplomatie européenne qu'elle avait plongée un instant dans la jubilation. Or, cette offense gratuite frappe en pleine poitrine l'Empereur Napoléon, qui n'a pas l'habitude d'avaler des couleuvres de cette nature.

Afin de mieux cacher le dessous des cartes, les diplomates autrichiens lancent dans leurs feuilles des ballons d'essai de ce genre : « Il est de fait que la Russie sympathise complétement avec les bases conservatrices de la politique autrichienne dans la crise actuelle, et qu'elle avait l'intention de se prononcer en ce sens dans le conseil des grandes Puissances. Cet appui est très-précieux pour l'Autriche et la fortifie dans ses résolutions. Mais, de cette sympathie morale à un appui matériel, il y a loin. Il paraît aussi que la cour de Vienne ne désire pas ce dernier, et que la Russie n'a nullement l'intention de prendre parti activement pour l'Autriche, car on craindrait de provoquer par là l'intervention de la France. » Que de niaiseries! Croyez-vous, par hasard, que l'Autriche, dans la situation difficile où elle se trouve par rapport à ses provinces hongroises, polonaises et italiennes, affronterait les six cent mille hommes de la Prusse et les forces de l'Italie appuyées au besoin de celles de la France, si elle n'était sûre d'avoir derrière elle l'armée russe? La France l'a déclaré formellement : elle ne permettra pas qu'on mette en péril le royaume d'Italie; cependant son armée est maintenue sur le pied de paix le plus faible. L'Autriche nous assure qu'elle ne fera pas appel à la Russie, et cependant les troupes russes se concentrent en masse vers la frontière des Principautés moldo-valaques. De quel côté est le calme, la dignité, la force?...

En politique, les tendances et les affinités de l'Autriche sont mobiles comme l'ombre et changent du jour au lendemain, selon l'aspect de l'horizon. A peine distingue-t-elle une embellie, le cœur lui renaît; si le temps se charge de nuages, ses transes

Le roi de Prusse passant la re

égiments avant leur départ.

se renouvellent. N'est-ce pas un véritable supplice, la juste punition de ses forfaits? Eh bien, ce n'est pas seulement dans ses relations extérieures que cela existe. Ces symptômes se produisent également dans son administration intérieure, dans sa vie intime, s'il est permis de s'exprimer ainsi. Ses finances sont obérées, le crédit s'est retiré d'elle; ne sachant comment subvenir aux dépenses que nécessite l'entretien de ses troupes, elle flatte et exalte tour à tour chacune des nationalités attelées à son joug : les Slaves, les Magyars, les Latins, les Bohêmes, les Allemands et les Grecs. Sans cesse agitée de craintes effroyables ou d'espérances chimériques, elle oscille entre les errements les plus opposés, cherchant vainement un régulateur. En voulez-vous une preuve irréfragable? Voici ce qui se passait, à la date du 1er de ce mois, à l'une des diètes de l'Empire, celle de Hongrie : « Toute l'activité de la Diète hongroise se concentre encore « dans le travail des commissions. L'une d'entre « elles étudie le régime politique à donner à la « Transylvanie, *où chaque nation réclame le maintien « de ses privilèges anciens;* l'autre discute avec une « délégation croate les conditions d'*un accord entre « les Diètes de Pesth et d'Agram*, et cherche à con- « cilier les prétentions du royaume slave, qui veut « conserver son autonomie, avec la nécessité pour « les deux pays de prendre part conjointement à la « discussion des *intérêts communs* à toutes les par- « ties de l'Empire; une troisième commission pré- « pare un travail pour l'*organisation des muni- « cipes;* une quatrième, enfin, la *commission des « nationalités*, s'occupe de régler l'*usage des lan- « gues* dans les nombreux districts du royaume peu- « plés d'éléments non magyars... » L'Autriche est enchantée de ce que les débats soient restés calmes au sein de ces comités et ne paraissent pas s'être ressentis des préoccupations de la guerre; mais ces gens-là n'ont donc nullement profité des grands principes d'uniformité, d'unité, d'autonomie et de régularité enseignés à tous les peuples par la Révolution française! Ainsi, voilà plusieurs nations, plusieurs diètes, des anciens privilèges, des intérêts différents, une multitude de langues dans un même empire, et les droits municipaux n'y sont pas même établis! Quel concert de réclamations! quelle cacophonie dans cette tour de Babel! Est-ce comme cela que devraient se gouverner les peuples de l'Europe, en l'année 1866?...

La Russie et l'Angleterre n'ont cependant point marchandé jusqu'ici, à l'Autriche, leurs conseils, leur appui, leurs bonnes grâces. La première se trouve fort bien d'avoir pour État limitrophe une Puissance continentale peu homogène, peu compacte; elle désire qu'il n'y ait aucune substitution de noms ou de personnes. La seconde redoute qu'il ne se forme, des débris de l'Autriche, un empire allemand capable de devenir avant peu une puissance maritime par la possession d'une partie des côtes de la Baltique et de la mer du Nord. L'Autriche, placée entre l'Angleterre et la Russie, est soumise, parfois, à des perplexités fort embarrassantes. Pour n'en citer qu'un exemple, nous rappellerons qu'en 1854, à l'occasion de la guerre de Crimée, elle observa une stricte neutralité. L'Angleterre fut satisfaite; la Russie fut indignée. En effet, la conduite de l'Autriche, en cette circonstance, était de la plus noire ingratitude, car la Russie, cinq ans auparavant, l'avait sauvée de sa ruine. Quoi qu'il en soit, les cabinets de Saint-James, de Vienne et de Saint-Pétersbourg savent apprécier à leur juste valeur les sentiments dont ils sont animés les uns envers les autres. Ces manœuvres ont un côté fâcheux. En effet, la grandeur de l'Allemagne, la régénération de la Pologne, la paix de l'Europe, la complète indépendance de l'Italie, ont été retardées ou rendues impossibles, et l'Autriche en souffre elle-même. Pour soutenir le rang qu'elle ambitionne, n'en est-elle pas réduite, tantôt à supporter de poignantes humiliations, tantôt à s'imposer les plus cruels sacrifices? Ah! dispensons-nous d'ouvrir ses annales pour le prouver; le sang et les turpitudes nous glaceraient le cœur!...

Soyons juste... On a reproché à l'Autriche de contrecarrer la Prusse et de ne pas travailler avec elle à la constitution d'un État qui naîtrait de leur participation à l'œuvre. Est-ce bien connaître la nature humaine que de faire un crime à l'Autriche de ne pas avoir préparé de ses propres mains la fortune de la Prusse? Si elle eût agi ainsi, n'aurait-elle pas abdiqué? N'aurait-elle pas donné à la Prusse le premier rang au sein de la Confédération germanique? Quant à cet État qui devait naître de leur délibération commune, est-ce que l'Autriche pouvait prendre sur elle-même de provoquer la cession du Grand-Duché d'Autriche, le berceau de sa domination impériale, ou de telle autre province allemande? Le cabinet de Vienne a secondé celui de Berlin dans l'affaire des Duchés de l'Elbe, espérant obtenir son concours lorsqu'il se serait agi pour l'Autriche d'en finir avec la question de la Vénétie. Mais la Prusse, loin de partager avec l'Autriche, qui a servi à retirer les marrons du feu, émet la prétention de s'approprier à elle seule les conquêtes faites en commun; après quoi, sur le refus de sa rivale d'obtempérer à cette injonction, elle contracte alliance avec l'Italie. L'Autriche a bien commis certains vices de forme dans la procédure dont elle a cru devoir saisir la Diète; de même, c'est une imprudence de sa part, d'avoir convoqué les États du Holstein; mais tous les torts, dans cette affaire, ne sont pas du côté de l'Autriche, et la Prusse serait bien coupable si elle n'avait, pour se faire absoudre, la meilleure de toutes les excuses : le principe des nationalités. Malheureusement pour l'Autriche, la tache originelle qu'elle porte au front est indélébile; il faudra, tôt ou tard, qu'elle paye ses fautes et ses crimes.

Un auteur, dont le nom est resté inconnu, a dit, avec une concision digne de Tacite : « Il existe, « contre la France constitutionnelle et parlementaire, une conspiration des poudres dont le mot « d'ordre est à Rome, scellé par l'Autriche. » Le silence règne peut-être en Autriche sur la conduite de son gouvernement, mais la réprobation est générale à cet égard. A l'effet de se réconcilier insensiblement avec l'Europe, le cabinet de Vienne consentit, naguère, à introduire un peu de libéralisme dans sa politique d'obscurantisme et de compression : c'était trop tard, et ce n'est pas assez, car l'indignation de ses peuples est trop profonde pour ne pas devenir menaçante à la première occasion. Jamais l'Autriche ne pourra contracter avec la Pologne et la Hongrie un pacte qui fasse oublier le passé.

Étrange contraste ! L'empire romain, devenu odieux par sa corruption et sa tyrannie, fut renversé par les Barbares ; l'Autriche devra sa ruine à la civilisation. A moins que ce ne soient les ultramontains et les cléricaux, qui donc sera touché de sa chute? Asile de tous les préjugés, soutien de toutes les oppressions, elle s'était attribué une mission redoutable : la conservation du despotisme. Esclave et non pas alliée de Rome, en vertu de cette tradition qui nous représente le chef du Saint-Empire prosterné aux pieds du Souverain-Pontife, elle voudrait que les générations humaines s'habituassent à croupir dans l'obéissance passive, afin de perpétuer à jamais l'ignorance et le fanatisme religieux.

Aussi sommes-nous encore à nous demander pourquoi Napoléon Ier, lui qui brisa les trônes d'Espagne, de Hollande et de Naples, n'a pas renversé la dynastie des Hapsbourg et fait disparaître l'empire d'Autriche. S'il eût accompli cette œuvre méritoire, cet acte de bonne politique, de suprême justice, il eût vengé du même coup et la Pologne, et la Hongrie, et l'Italie.

On est frappé, parfois, de l'obstination, de l'aveuglement qui conduit les empires à leur perte. La France, par la voix de l'Empereur, offrait à l'Autriche un moyen honorable de répudier son passé, de sortir de sa position embarrassante, de revenir à un système de modération plus en harmonie avec les mœurs de l'époque, de se faire pardonner ses torts, de reprendre peut-être une nouvelle vie : elle ne l'a pas voulu. On aurait remanié l'Allemagne sans lui causer à elle-même de préjudice bien sensible ; on lui aurait donné en échange de la Vénétie quelque province, — par exemple : la Bosnie ou la Servie, — dont l'Italie eût fait l'acquisition près de la Porte Ottomane; l'honneur eût été sauf... Non; d'après les pernicieux encouragements de la Russie, elle a repoussé toute transaction, tout arrangement à l'amiable, préférant en appeler à la justice de sa cause, dit-elle, ainsi qu'à la puissance de son épée. N'est-ce pas une sanglante dérision ? Que tous les maux causés par ce fatal entêtement retombent sur sa tête! On l'expulsera de la Confédération germanique ; on lui reprendra non-seulement Venise, mais Trieste, Pola et Fiume, parce que l'Istrie est habitée par une population d'origine italienne; et puis, que sera-ce donc si les Polonais et les Hongrois se mêlent au branle !...

En principe et avant les derniers événements, la position de l'Autriche à l'égard de l'alliance anglo-française était, à peu de chose près, la même que celle de la Prusse ; les réflexions que nous avons présentées au sujet de la maison de Brandebourg s'appliquent donc en partie à la maison de Hapsbourg. Mais la situation de l'Autriche s'aggrave par divers motifs dont nous allons donner un exposé succinct.

Si le protectorat du czar sur les Grecs soumis à la Porte Ottomane était reconnu, il est évident que la Turquie d'Europe ne tarderait guère à passer sous la domination de la Russie. La conduite tenue jadis par le roi Othon confirme pleinement nos assertions à cet égard. Il faut que les liens qui unissent la Grèce à l'Autocrate soient bien puissants pour avoir fait perdre un instant à la nation hellénique tout souvenir de la conduite généreuse que la France et l'Angleterre ont tenue dans la guerre de l'indépendance.

A part l'accroissement de prépondérance dont la Russie jouirait en Europe, — prépondérance qui, en définitive, influerait d'une manière fort grave sur le sort de l'Autriche, — celle-ci a-t-elle quelque avantage à se laisser enlacer de tous côtés par sa redoutable voisine ? Aucun... Bien mieux, au premier dissentiment qui éclaterait entre elle et la Russie, de quel côté l'Autriche croit-elle que se rangeraient les nombreux sectateurs du culte grec qui habitent la Transylvanie, la Hongrie méridionale, la Bohême, la Dalmatie, la Croatie ? La réponse n'est nullement douteuse. Le czar n'est-il pas le chef suprême de la religion grecque, le défenseur de la foi qui se dit orthodoxe? N'est-ce pas vers lui que convergent tous les désirs, tous les besoins, toutes les aspirations des peuples grecs?

L'Autriche ne devrait pas rester dans une pareille expectative, car la France et l'Angleterre ne sauraient lui laisser, en cas de guerre avec la Russie, la faculté de se déclarer pour l'une ou pour l'autre des parties belligérantes, selon l'occurrence, selon les événements et d'après les succès obtenus. Il ne faudrait pas, non plus, que l'occupation des principautés moldo-valaques eût lieu de la part de l'Autriche en prévision d'un compte à demi, uniquement pour qu'elles apartinssent au vainqueur.

Si la Russie était victorieuse, l'Autriche ne lui remettrait-elle pas ces provinces en lui expliquant combien son attitude lui aurait été utile, en ce sens qu'elle eût permis au czar de réunir toutes ses troupes sur un autre point sans avoir à craindre que sa ligne d'opération ne fût coupée de ce côté?

Si c'étaient les puissances alliées qui remportassent la victoire, l'Autriche pourrait, sans fausse honte, se tourner de leur côté et leur démontrer péremptoirement qu'en occupant la Moldavie et la Valachie elle aurait mis à l'abri des attaques de la Russie les frontières de la Turquie d'Europe ; que la Porte aurait pu renforcer son armée d'Asie ; que de plus, grâce à son concours actif et à ses armements, le théâtre de la guerre ayant été resserré, les alliés avaient pu diriger l'effort de leurs armes selon les convenances de leur politique ou d'après leurs plans de campagne... Ce terrain ne serait pas sûr et offrirait trop de méandres. Ce que nous demanderions à la Prusse, nous aurions le droit de l'exiger de l'Autriche. Il faudrait que celle-ci optât sur-le-champ : l'alliance avec la Russie, ou bien l'alliance avec la France et l'Angleterre.

Toutes les fois que la Russie a fait la guerre pour le compte de Puissances amies, c'était, en apparence, uniquement pour leur profit; mais, en réalité, pour son propre avantage, dans son intérêt particulier. Si la Russie est intervenue à main armée dans la guerre de l'indépendance que la Hongrie entreprit contre la maison d'Autriche; si elle étouffa cette généreuse et fière nationalité, ce ne fut pas uniquement pour sauver l'empire autrichien ou maintenir l'intégralité de son territoire, mais ce fut aussi pour se préserver elle-même de la contagion révolutionnaire et pouvoir conserver la Pologne. Comprenez donc ce qu'une nationalité magyare, forte, libre, indépendante, aurait été en face de ces glorieux débris qui formaient autrefois la Pologne !

Parce que l'Autriche garde un bon souvenir des services que lui a rendus le czar, doit-elle oublier la conduite peut-être trop généreuse que la France révolutionnaire a tenue en 1848, alors que d'un mot, d'un geste, d'un regard, elle pouvait renverser la monarchie autrichienne, si tombée, si stérile, si décrépite?

Encore si la France le voulait aujourd'hui... mais, de même que l'Angleterre, la France n'a aucune intention hostile à l'égard de l'Autriche. Cependant elles ne sauraient supporter plus longtemps, l'une et l'autre, les demi-mesures, les allures louches et les démarches incertaines derrière lesquelles cette puissance s'abrite, car son attitude n'est point celle d'un allié ou d'un neutre.

Le Czar, voisin ambitieux et avide, qu'est-il, sinon un ami équivoque et douteux? L'alliance avec lui présente toute incertitude et tout danger; ce qui n'existe pas du côté des Puissances alliées, dont l'amitié serait un gage assuré de paix et de salut.

Si l'Autriche avait bien étudié, bien compris ses intérêts, elle eût mis un vif empressement à seconder l'Angleterre et la France. Les profits qu'elle aurait retirés de sa participation à l'œuvre commune eussent été nombreux et solides. Ceci est trop manifeste pour être sujet à discussion, aussi nous bornerons-nous à en signaler quelques-uns pour mémoire : — consolidation d'autorité sur les nations dont la fidélité est chancelante; libre navigation du Danube, de la mer Noire et de la mer d'Azow; sûreté de ses frontières; accroissement de son influence en Europe; diminution des charges et impôts; développement progressif, continu, de son industrie et de son commerce; nombreuses améliorations dans la condition de ses peuples; enfin, comme conséquences naturelles : paix, ordre, bonheur et stabilité.

Au temps où la Pologne subsistait, l'Autriche et la Russie étaient placées trop loin l'une de l'autre pour se nuire et se croiser dans leur politique. Elles se prêtaient donc un mutuel appui, de sorte que la Russie menaçait l'Occident par l'Angleterre, et l'Autriche contenait le Nord par la Russie. Mais cet ordre de choses n'existe plus. La Pologne ayant été rayée de la liste des nations, la Russie et l'Autriche se touchent. Il serait donc avantageux pour l'Autriche que la Russie fût amoindrie.

Qu'en arrivera-t-il si l'Autriche, après avoir repoussé formellement la médiation des Puissances occidentales, entreprend la guerre contre la Prusse et contre l'Italie? L'œuvre qui se prépare tend à constituer la pondération des États de l'Europe sur des bases plus solides et plus équitables, à revenir sur des transactions qui ont parqué les peuples comme de vils troupeaux, à proclamer la puissance du droit, hâter l'émancipation intellectuelle et poser les jalons de l'avenir. L'Autriche perdra, bien par sa faute, le bénéfice de ces futurs changements et s'exposera aux funestes conséquences d'une terrible collision..... Si tous les moyens sont bons envers un ennemi déclaré, que deviendra l'Autriche? Où en serait-elle déjà, si la France s'était servie contre elle des avantages, des armes que les circonstances lui ont souvent prêtées?

Que l'Autriche ne s'y méprenne pas ! L'homme qui gouverne la France est doué d'une énergie, d'une persévérance à toute épreuve ; ce qu'il veut, il le veut fortement; la tâche qui lui incombe est immense, la responsabilité qui pèse sur lui est énorme; qu'on l'y force, et il ne reculera devant aucun obstacle, devant aucune considération ! Et alors?.. C'est l'Autriche, l'Autriche seule qui l'aura voulu !...

XI.

Russie.

L'audace fonde les empires; parfois, aussi, elle les sauve; mais le génie ne court pas les rues. Lorsque l'audace n'est pas unie à la prudence, lorsqu'elle n'est pas légitimée par des aspirations émanant de la Divinité, lorsqu'elle a recours à des moyens réprouvés par l'équité, lorsqu'elle révoque en doute les notions d'humanité gravées dans l'âme des peuples, alors, au lieu de sauver les empires, elle les perd sans retour.

Que répondre à l'écrivain qui nous offre comme un signe de force l'unité prétendue dont jouit la Russie? Quoi! un État composé d'une vingtaine de peuplades aurait de l'unité, de l'homogénéité, de la compacité, parce qu'il serait régi par un gouvernement autocratique, despotique, théocratique et centralisateur au suprême degré! Est-ce raisonnable?

De ce que le gouvernement russe nous emprunte quelques artistes lyriques, chorégraphiques ou dramatiques, — principalement des femmes, — on est fondé à dire que le gouvernement russe, « modéré « dans ses prétentions, n'essaye nullement de lutter « de lumières avec le reste de l'Europe. Il se con« tente de venir les chercher, — nous parlons des « lumières, — de se les approprier pour les trans« porter ensuite aux peuples limitrophes de son vaste « empire. La tâche est assez lourde et assez belle. « Les esprits sagaces, sans se préoccuper d'un ave« nir trop lointain, se bornent à ne pas regarder au« delà du présent. » Et nous, bien au contraire, nous affirmons que le gouvernement russe est le moins intelligent de tous, parce qu'il en est le plus ambitieux; nous soutenons que les individus appartenant au vieux parti russe sont les plus fiers, les plus hautains, les plus orgueilleux, les plus cruels et les plus barbares de tous les hommes. Exemple : Mouravief!...

Mais est-ce bien une plume française qui a tracé les lignes suivantes : « Les Russes ressemblent aux « Français. Cette ressemblance, à divers points de « vue, et certaine communauté d'idées ont bien sou« vent rapproché la politique russe de la politique « française. La générosité a été, de part et d'autre, « le fond de leur conduite. Les rivalités doivent dis« paraître entre deux gouvernements qui marchent « à la tête des peuples ayant des intentions commu« nes sur des contrées diverses. » Comment! ces deux nations seraient mises sur le même pied? elles se valent, se règlent l'une sur l'autre, et ont les mêmes intentions? Oh! quel sanglant outrage pour la France!... Lors de la guerre de Crimée, M. de Brunow avait dit, afin de détacher notre pays de l'alliance anglaise, que la France, par des raisons politiques, est l'alliée naturelle de la Russie, mais il n'aurait jamais osé comparer les deux peuples et les deux gouvernements entre eux. Demandez au comté de Nice ainsi qu'à la Savoie, si nous les traitons comme les Russes traitent la malheureuse Pologne!

Et ailleurs : « Quant à la politique des gouverne« ments russes, il est facile de s'assurer qu'elle n'a « jamais varié. Dès que la nationalité slavo-mosco« vite a été constituée solidement en Europe, toutes « leurs tentatives de conquêtes ont été particulière« ment dirigées vers l'Orient. Il fallait, il est vrai, « assurer la position en Europe par la fondation « d'une capitale européenne, par l'occupation des « provinces allemandes, où les lumières de la civi« lisation seraient puisées pour être répandues au « cœur de l'empire ainsi qu'à ses extrémités oppo« sées; mais une fois ce résultat atteint, c'est tou« jours à son corps défendant que la Russie s'est « mêlée aux dissensions des autres nations. C'est du « côté de l'Orient, c'est dans l'Asie qu'elle désire « s'avancer afin d'être toujours à même de suffire « aux besoins de ses habitants, soit pour leur pro« curer ce que produisent d'autres climats, soit afin « de porter dans d'autres régions les productions de « ses terres ou de son industrie, qui se développe « chaque jour. » Vit-on jamais plus de paradoxes en une page? La politique de la Russie n'a jamais changé, effectivement, et c'est pour cela qu'elle encourt notre malédiction. Ainsi, pour avoir une capitale européenne, — n'avait-elle pas Moscou? — il lui a fallu ravir la Finlande et la Livonie à la Suède. Pour assurer sa position en Europe et jouir des bienfaits de la lumière, il fallait qu'elle s'emparât de la Courlande et qu'elle provoquât le partage de la Pologne. Dès qu'elle eut pris tout ce qui était à sa convenance d'un côté, elle se retournait d'un autre : vers la Turquie, vers le Causase, vers l'Arménie, vers la Perse, vers la Boukarie, etc., etc. Que ne l'a-t-on laissée transporter sa seconde, ou mieux sa troisième capitale, à Constantinople! La Grèce n'aurait pas tardé à lui reprendre Byzance, pendant que la Suède se serait emparée de la Finlande et de la Livonie, pendant que les Circassiens et les Polonais se seraient affranchis, pendant que la Courlande se serait unie à la Pologne.

Nous n'avons nullement la prétention d'initier le lecteur aux redoutables mystères d'un état de choses qui pèse sur la Russie comme un disque de plomb; nous serons sobre de détails sur l'organisation gouvernementale, sur le système d'économie politique qui régissent cette contrée; mais nous rapporterons certaines particularités de nature à faire ressortir la dégradation physique et l'abjection morale dans laquelle croupit cette race d'hommes.

Écoutons le raisonnement des Russophiles.

Oubliant les mitraillades de Saint-Pétersbourg, les massacres de Varsovie, le deuil de la Pologne, les déportations en Sibérie ou au fond des mines de l'Oural, on se complaît à nous dépeindre, les uns après les autres, les souverains qui se sont succédé sur le trône de Russie comme des modèles de douceur, de bonté, de modération, de justice et, surtout, de loyauté chevaleresque. On ne leur prête qu'un seul désir, celui de parachever, — à l'aide du knout et des baïonnettes, — l'œuvre de civilisation intérieure et de conquêtes extérieures préconçue par leur illustre aïeul, Pierre le Grand.

C'est à tort qu'on a évoqué aux yeux de l'Occident un fantôme envahisseur, la Russie, nous dit un de ses officieux avocats, n'étant devenue menaçante que parce qu'on a voulu l'expulser du concert européen. Ainsi, selon lui, le seul moyen d'assurer la paix du monde serait d'accorder à la Russie l'entier exercice de sa suprématie sur l'Europe et de reconnaître l'ascendant qu'elle puise dans sa force morale et dans sa vaillante armée. La Russie, foyer des arts, des sciences, de l'industrie, est la dispensatrice des bienfaits de la civilisation. Son gouvernement est tout paternel. Son administration, sagement ordonnée, ne laisse rien à désirer sous les divers rapports : civils, militaires, judiciaires et religieux. La polititique des Czars a pour fondement la justice et la foi des contrats. Si les actes de Pierre le Grand dénotent et accusent tout un système de projets à l'exécution desquels se sont voués ses successeurs, il n'en est pas moins incontestable que les spoliations et les conquêtes de la Russie sont pleinement justifiées par la nécessité où elle se trouve de satisfaire aux besoins que lui crée le développement de sa puissance. Le soldat russe, depuis qu'il a fait flotter les glorieux plis de son drapeau libérateur dans les capitales de l'Europe, est devenu le premier soldat du monde; il est à cent piques au-dessus du soldat français; jamais il n'a commis d'excès sur le sol de la France, lors des deux invasions, pas plus que sur le sol de la malheureuse Pologne... Tel est le langage de la Sainte-Alliance. N'est-ce pas une étrange et prodigieuse audace?

L'Empire russe se compose d'une multitude de peuplades dont plusieurs sont encore sauvages, avec des mœurs, des coutumes, une origine et des langues à l'infini.

La civilisation européenne est inconnue en Russie, si ce n'est des grands seigneurs qui en affectent les dehors, mais n'en pratiquent nullement les principes. Les masses sont arriérées de dix siècles.

Naguère, sur soixante-dix millions d'habitants, — y compris environ dix millions de sujets faisant partie de peuples nomades : pasteurs, pêcheurs ou pasteurs, — on comptait plus de cinquante millions de serfs. L'émancipation commencée est loin de donner d'excellents résultats. Quant aux prétendus hommes libres, c'est-à-dire la bourgeoisie, les commerçants, les employés des administrations, les officiers de terre et de mer, le clergé, les nobles, la magistrature, tout ce monde est parqué en quatorze classes dont l'ensemble forme une hiérarchie organisée militairement et qu'on appelle le *Tchin*. Chacun y est embrigadé.

Un pays dont le sol est ingrat, où la nature est âpre, revêche, la température hostile, le climat meurtrier; un pays où règne la dépopulation; un pays habité, en majeure partie, par des peuplades sauvages et des tribus errantes; un pays où l'ignorance, la superstition, la barbarie, sont la condition du plus grand nombre, et où les arts sont inconnus hormis dans les villes principales; un pays où le peuple vit sous l'arbitraire de quelques centaines de familles privilégiées, qui sont elles-mêmes plongées dans la servitude du MAITRE; un tel pays, disons-le carrément, ne saurait, malgré l'étendue de son territoire, jouir d'une force matérielle capable d'imposer aux Puissances occidentales de l'Europe. Une guerre maritime, conduite avec méthode et qui tournerait en blocus, épuiserait, ruinerait la Russie, et prépararait infailliblement la dissolution, le démembrement de l'empire.

L'ascendant moral de la Russie est encore moindre, car son adhérence politique est nulle. Sa puissance, formidable en apparence, s'évanouirait devant un obstacle un peu sérieux.

Le gouvernement est autocratique, despotique, tyrannique; il domine tout, depuis les choses de la vie jusqu'aux idées religieuses. Le MAITRE, le PÈRE, s'étant fait l'égal de Dieu, bien qu'il s'intitule *le Seigneur craignant Dieu*, on ne respire, on ne prie, on n'agit, on n'existe en Russie qu'avec sa permission, pour son bon plaisir, et on ne se meut que par son ordre. Mais la véritable force a-t-elle donc besoin d'avoir recours à la violence? Est-il réellement fort, le pouvoir qui s'appuie sur la terreur, l'espionnage, la délation, l'emprisonnement, la torture, l'exil, le meurtre, l'arbitraire en un mot? Qu'attendre de grand, de beau, de noble, de durable, d'un système politique dont le *Feldjæger*, — sorte de courrier, agent de police, exécuteur des hautes œuvres, toujours en permanence, — est à la fois l'état fondamental, la pierre angulaire, l'instrument indispensable, l'âme, la vie, le pivot?

Certains personnages éminents estiment que l'organisation actuelle de la Russie pourra fonctionner longtemps telle qu'elle est, parce que les distances, l'isolement, les marais, les bois, un hiver continuel, l'ignorance et l'esclavage viennent en aide au czar ainsi qu'à son gouvernement. Ils s'imaginent que ceux qui obéissent, que ceux qui souffrent, que ceux qui endurent la torture, sont forcés de se soumettre, de patienter, de comprimer leur indignation et de se taire. Qu'on ne s'y trompe pas : l'idolâtrie a des caprices inattendus; elle brise parfois, de ses propres mains, l'idole qu'elle encensait la veille, et le lendemain elle la foule aux pieds.

Plus les ferments de révolte tarderont à éclater, plus la crise sera terrible. Il serait impossible de prédire, dès aujourd'hui, l'époque à laquelle aura lieu ce changement; néanmoins, tout présage un cataclysme prochain, inévitable. Une politique ombrageuse, sombre, perfide, implacable, peut bien empêcher momentanément les idées civilisatrices de pénétrer en Russie; un gouvernement despotique et cruel peut bien fermer ses frontières, défigurer la vérité, falsifier l'histoire et se complaire à exalter un faux semblant de patriotisme chez ses nationaux, en essayant de leur persuader qu'ils sont le premier peuple du monde, que les plus hautes destinées les attendent, et qu'ils sont appelés à la conquête du globe terrestre; par contre, il est permis d'espérer que les Russes se lasseront de l'oppression et de la misère, qu'ils voudront jouir du bien-être dont jouissent les nations policées, et qu'ils secoueront bientôt leurs fers. Plaise à Dieu que cette soif insatiable de conquêtes, dont tous les czars sont dévorés les uns après les autres, puisse servir à provoquer le dénouement!... Les Puissances occidentales doivent réfléchir à cette éventualité, tout en se tenant prêtes à en profiter.

Un peuple abâtardi ne saurait avoir ni originalité, ni qualités, ni vertus, sauf l'endurcissement et la ténacité de la brute; aussi le peuple russe est-il marqué au front du sceau de la turpitude morale. Il est bas, rampant, dissimulé, artificieux, cupide, farouche, orgueilleux et féroce, conséquence inévitable de son abjection, de sa dépravation. On dit que les Russes sont soumis, obéissants, parce que le serf ne fait rien pour se soustraire au knout, et que le grand seigneur lui-même se laisse appréhender sans résistance par le *Feldjæger* chargé de le conduire en Sibérie ; on dit qu'ils sont doux, modestes, modérés, parce que tout inférieur supporte que son supérieur l'insulte, le maltraite, le frappe au visage ; mais ils ont le génie de l'hypocrisie : ils sauront étouffer leurs plaintes, imposer silence à leur mécontentement, et cacher, jusqu'à l'heure de la vengeance, la rage dont ils sont animés ; alors ils deviennent de vraies bêtes féroces !...

Si le cadre de cet opuscule nous l'eût permis, nous eussions dépeint les mœurs du peuple russe aux époques les plus saillantes de son histoire, ce qui aurait démontré clairement la justesse, l'impartialité de nos appréciations. Voltaire l'a dit : *ce peuple est pourri avant d'être mûr*. Ouvrez les œuvres posthumes du grand Frédéric, les mémoires du capitaine Perry, ingénieur anglais, les mémoires secrets du marquis de Villebois, le livre de M. Arndt, historien allemand, la relation de M. de Custine, ouvrage contemporain, et vous saurez à quoi vous en tenir. Peut-être accusera-t-on Voltaire de malice, Frédéric de jalousie ; mais les autres écrivains cités sont à l'abri de tout soupçon de malveillance systématique envers la Russie. Le capitaine Perry travailla pendant une dizaine d'années aux entreprises du czar Pierre le Grand ; le docteur Müller avait plusieurs de ses proches employés dans ce pays, lorsqu'il y fit son voyage ; M. de Custine fut accueilli à Pétersbourg avec une flatteuse distinction par la cour. Pourquoi donc leurs écrits sont-ils si hostiles à la Russie ? C'est que la vérité, flambeau resplendissant, dirige sûrement au milieu des ténèbres ceux qu'elle éclaire et anime ; c'est que la vérité avait illuminé leur âme et leur avait appris à dépouiller toute crainte ; enfin c'est que, dans un noble cœur, l'avenir et la fortune d'un peuple ne sauraient être mis un instant en parallèle avec le sort du monde entier. Il nous eût été facile d'émouvoir le lecteur : nous n'avions qu'à grouper et réunir tous les actes d'odieux despotisme, tous les méfaits commis en Russie sous le nom *de la raison d'État*, et nous eussions retracé des tableaux auprès desquels le souvenir des *plombs* de Venise et des tortures de l'inquisition eût paru froid, décoloré; mais l'espace nous manque ; en outre la nature de cet ouvrage, essentiellement éphéméride, s'y oppose tout à fait.

Entre la Russie d'autrefois et celle d'aujourd'hui, entre la Russie de Pierre le Grand, de Catherine II, de Paul, d'Alexandre, de Nicolas, et celle de l'autocrate actuel, la différence consiste en un degré de corruption, en un degré d'avilissement de plus : c'est là tout le progrès.

Pénétrons au fond des choses.

Privez l'homme du sentiment de sa dignité, vous étoufferez ses facultés morales, vous atrophierez son esprit, vous le vouerez à la mort. Tout Russe est tenu, sous peine d'être accusé de complicité avec les ennemis de l'État, de révéler au gouvernement les projets hostiles au gouvernement, ou paraissant tels, dont il aurait connaissance directement ou indirectement. Il suit de là que la population entière vit dans des transes, dans des appréhensions continuelles. Tout ce qui vous approche, tout ce qui vous entoure, tout ce dont vous ne vous défiez nullement, comme tout ce qui vous porte envie, est pour votre sécurité privée matière à soupçon. La moindre délation peut vous envoyer *aux mines*.

La police voit tout, entend tout, se mêle de tout et touche à toutes les choses, à toutes les positions ; en un mot, elle est partout : parmi vos amis, sous votre toit, au sein de votre propre famille. Bien qu'il y ait, en Russie, des nuées vraiment incroyables de gens de police, il s'y commet énormément de crimes. A Saint-Pétersbourg, il existe, dans chacun des onze quartiers et chacune de ses cinquante-cinq sections, un bureau spécial de police et une maison d'arrêt ou de dépôt; en outre, on rencontre, chaque deux cents pas, une maisonnette en bois où stationne en tout temps un agent de la sûreté publique. Pourtant il ne se passe pas de jour qu'il ne se commette plusieurs assassinats.

Chez les peuples d'Occident, les officiers de l'armée, à défaut des jouissances du luxe, ont conservé intacts le sentiment de la délicatesse et le culte de l'honneur. En Russie, à part d'honorables mais peu fréquentes exceptions, l'officier vit d'expédients honteux. Il est si peu estimé, tellement déconsidéré, que l'empereur Alexandre Ier, sorti incognito et surpris par la pluie dans les rues de Saint-Pétersbourg, ayant pris un drowska de louage et en étant descendu à quelque distance du palais impérial, se vit obligé de laisser sa pelisse entre les mains du cocher, cet homme ne se fiant pas à la promesse que lui faisait le prétendu officier de lui renvoyer à l'instant le prix de sa course. Eh ! comment le point d'honneur, qui est fondé sur une morale raffinée, se trouverait-il cultivé parmi un troupeau d'esclaves, chez des gens privés d'enthousiasme et de l'idée du beau ?...

Si vous enlevez à l'homme le sentiment de sa dignité, pourquoi respecteriez vous cette dignité? Les punitions corporelles sont défendues en Russie, néanmoins on enfreint à chaque instant la loi à cet égard.

Comment la justice exerce-t-elle son ministère? les yeux bandés et les mains ouvertes à la concussion. Celui qui charge le plus un des plateaux de la balance est sûr de l'emporter sur son adversaire. Quant aux agents subalternes, on ne saurait retracer les actes auxquels ils se livrent envers leurs clients.

Le sénat, qui est le tribunal suprême, en Russie, jouit-il de quelque considération? Non, car c'est un corps dont la vénalité est égale au mépris qu'il inspire.

Le peuple de Russie, — nous ne parlons pas des serfs, ce sont des choses et non des hommes, — est dégradé par l'esclavage et corrompu par le mauvais exemple qu'il a sans cesse sous les yeux. Il est si misérable, qu'une foule de gens s'adonnent à l'oisiveté, à la débauche, à l'ivrognerie, au vol, au meurtre, à tous les vices infâmes, afin de s'étourdir sur leurs maux.

Le clergé se traîne dans la boue. Le commerce, sorte de mine à usure, se fait la plupart du temps sur des bases peu honorables. Les postes élevés sont occupés par des ignorants ou des personnes sans valeur. La carrière de la diplomatie est la seule où les Russes excellent, grâce à leur profonde dissimulation, grâce à l'étonnante facilité avec laquelle ils apprennent les langues étrangères. Cependant des désordres inqualifiables règnent à la chancellerie du département des relations extérieures; les places s'y vendent presque à l'enchère, et il est incroyable jusqu'à quel point on pousse cet ignoble trafic. Les insignes de divers ordres nationaux couvrent la poitrine d'hommes tarés, dégradés. La plupart des traitements sont tellement mesquins, qu'un grand nombre de fonctionnaires sont forcés d'avoir recours à des moyens indélicats pour ne pas mourir de misère. Les rouages de l'État fonctionnent en apparence avec régularité; malgré cela, on ne peut se rendre compte des formalités gênantes et ridicules, des abus, des désordres et des injustices qui entravent la marche des affaires. Enfin l'administration des finances, la banque, les douanes, les travaux publics, sont le siége de la fraude la plus révoltante, de l'impudeur la plus éhontée.

On est convenu d'accorder aux Russes beaucoup d'orgueil national. Cette prétention est-elle légitime de leur part, et sur quoi se base-t-elle?... Ils sont au dernier rang parmi les peuples policés; à part de bien rares exceptions, ils n'ont rien produit de remarquable dans les arts, les sciences, l'industrie; ils n'ont ni mœurs, ni manières, ni dignité dans leur conduite; ils n'ont pas de nationalité qui leur soit propre, car ils forment un mélange de hordes barbares; enfin leur politique est dissimulée, tortueuse, ambiguë, et n'ose pas avouer franchement le but auquel elle tend. A ce point de vue, les Russes sont des Huns et des Vandales dégénérés. Par contre, on trouve chez eux beaucoup de clinquant, encore plus d'ostentation, infiniment de vanité, horriblement de mensonge, tout y étant pour les yeux, rien pour l'esprit ou pour l'âme. Dévaster, ruiner, piller et asservir les contrées occidentales de l'Europe, ainsi que les parages asiatiques; tel est le prisme décevant à travers lequel on leur fait entrevoir l'avenir. Eh bien, le croirait-on? c'est ce chimérique, cet exécrable espoir qui produit chez eux un endurcissement capable de tout endurer, une exaltation susceptible de tout entreprendre. Arrive le choc des poitrines et des épées, la rencontre des phalanges et des cohortes; vienne le heurt des escadrons, l'on verra ce que valent leur patriotisme d'ilotes et leur courage de bêtes fauves.

De ce que l'on a supprimé la marque et aboli le knout, de ce que la peine de mort est réservée aux seuls crimes de haute trahison, — dénomination fort élastique, — on dit que les lois pénales sont très-douces en Russie; mais songe-t-on qu'on a laissé subsister le supplice des *battogs*, auquel on donne aussi le nom de *plette?* Songe-t-on qu'on y frappe de verges pour les moindres délits, et que l'exécuteur peut faire mourir le patient sous ses coups? L'exil en Sibérie ou au Kamtschatka, de même que le travail des mines, n'est-il pas cent fois pire que la mort? D'ailleurs, c'est au besoin qui se fait sentir de peupler ces affreuses solitudes, dont la plus populeuse nourrit à peine seize hommes par lieue carrée; c'est au manque de bras pour exploi-

Forteresse de Mantoue. — Arsenal.

ter les mines et les carrières, qu'il faut attribuer les modifications indiquées ci-dessus, et non pas à un sentiment d'humanité.

Ainsi donc, à la base de l'édifice : esclavage, bassesse, lâcheté, aveuglement, misère ; au frontispice : abus, violence, duplicité, servitude et corruption; puis, au sommet : une insigne hypocrisie, un atroce despotisme.

Ce qui frappe le plus dans la conduite du gouvernement russe, c'est la persistance qu'il met à se tromper lui-même par la voie de ses organes officiels afin de donner le change aux autres nations de l'Europe, et sur son degré de civilisation, et sur sa puissance. Un corps d'armée change-t-il de destination ou se met-il en marche pour se rendre aux camps de manœuvre, aussitôt la presse russe d'emboucher la trompette guerrière, d'exalter la beauté des troupes, leur superbe tenue, leur magnifique ordonnance, leur instruction parfaite, leur admirable discipline et surtout leur nombre fabuleux. De cette propension des Russes à exagérer leurs lumières, leurs principes, leurs ressources et leurs forces, n'est-on pas en droit de conclure qu'ils sont loin d'être civilisés et redoutables, leur intention étant de tromper, de terrifier l'Europe dans un but aisé à concevoir? A toutes les époques, on a suivi le même système en Russie par rapport à la force des armées. Déjà, au temps des premières guerres de Suède, on grossissait l'effectif des troupes dont disposait Pierre le Grand. On en a fait autant à diverses époques, et même lors de la guerre de Crimée : aussi aurons-nous à tenir compte de cette propension, le cas échéant.

Le czar Pierre Alexiowitz, auquel on a donné le nom de Pierre le Grand, fut un prince éminemment remarquable par son activité physique et morale, doué d'un génie sauvage et non d'un esprit civilisateur. Ce n'était pas un *architecte* édifiant d'après les lois de l'ordre et de l'harmonie, mais bien un de ces *entrepreneurs* mal inspirés qui, par suite d'obstination dans leurs idées vicieuses ou faute d'études assez étendues, assez approfondies, coordonnent et agencent péniblement les parties et l'ensemble de travaux repris en sous-œuvre. L'édifice présente au premier aspect une certaine régularité ; mais, lorsqu'on l'examine attentivement, on s'aperçoit qu'il n'offre aucune des conditions de durée ou d'utilité voulues. A nos yeux, ce prince fut le premier corrupteur et non le fondateur de l'empire russe. Or il n'a pas manqué d'imitateurs parmi ceux qui lui ont succédé.

Il y avait donc deux hommes dans Pierre le Grand : le réformateur et l'homme politique.

Ce prince l'avait compris : dans l'état où il trouva la Russie, déjà abrutie, déjà façonnée à l'esclavage par ses prédécesseurs, la nation russe ne renfermait aucun élément de grandeur et de stabilité. Sa force unique était une force envahissante, les peuples de l'Europe étant supérieurs aux Russes par leurs connaissances dans l'art de la guerre, par leur industrie, par leurs ressources intérieures et par les liens sociaux qui donnent aux États leur consistance. Ce fut cette force unique qu'il essaya de développer, sans s'attacher à en créer de nouvelles. Il s'appliqua donc à mettre les Russes en position de lutter avec avantage contre les contrées qu'il comptait leur faire envahir. Voilà pourquoi toutes ses institutions ont eu la guerre pour mobile et non le progrès, bien qu'elles en aient eu parfois une fausse apparence. Ainsi, les établissements qu'il fonda furent tous destinés à accroître ses ressources pour la guerre ; il transforma son empire en une immense caserne, il façonna son peuple à la subordination militaire la plus rude, il emprunta les armes de la civilisation pour combattre la liberté, il renchérit sur le despotisme de ses prédécesseurs et l'implanta d'une manière indestructible ; enfin, il n'est pas jusqu'à la religion qu'il n'ait fait concourir à son but exécrable, car, en posant les bases de sa toute-puissance spirituelle, il était persuadé que cela lui permettrait d'étendre davantage sa puissance temporelle.

Plusieurs panégyristes ont attribué à ce prince l'idée de faire concourir à la civilisation de ses États les connaissances industrielles et scientifiques des nations étrangères. Cette idée ne lui appartient nullement. Dès 1126, — d'après Karamsin, historien russe dont l'autorité sur ce point ne saurait être contestée, — Wolodimir Monomaque prescrivit à ses enfants d'accueillir les étrangers avec faveur, non-seulement afin de s'en servir, mais encore pour qu'on eût dans tous les pays une haute idée de la puissance moscovite. En cela, Wolodimir doit réellement être considéré comme l'auteur de la politique suivie jusqu'à nos jours par la Russie envers les étrangers.

Par suite de fausses appréciations, voici comment on a généralement envisagé l'action de Pierre le Grand sur son peuple : — la Russie, quoiqu'elle fût le plus étendu des empires du monde, n'avait joui jusqu'alors d'aucune espèce de considération au dehors, parce qu'elle était restée opiniâtrément attachée à sa barbarie; tandis que les autres États, éclairés peu à peu par l'expérience et poussés par des événements plus propices, étaient parvenus à faire régner l'ordre et l'harmonie sous la loi du progrès, sous la salutaire influence d'une justice sociale. Pierre, instruit de ce qui se passait chez les autres peuples, eut le courage de vouloir les imiter. Ayant entrepris de policer à sa façon la nation russe, sa fermeté et sa patience triomphèrent de tous les obstacles que les préjugés, l'ignorance, la paresse et l'apathie de ses sujets lui opposèrent.

La Russie, ainsi formée par les étrangers de toutes les nations que Pierre attacha à son service, s'éleva, en apparence, au niveau de la plupart des nations de l'Europe. Dans l'espace d'une trentaine d'années, elle franchit un intervalle que les autres peuples avaient mis plusieurs siècles à parcourir. Le czar perfectionna même, parfois, les établissements qu'il avait voulu imiter. A la milice lâche et insubordonnée des Strélitz, il substitua des troupes qui eurent une meilleure discipline que les Allemands et qui conservèrent après sa mort la réputation qu'elles acquirent sous ses ordres. Il créa sur la mer Noire une marine qui inquiéta vivement la Porte Ottomane, et une flotte qui domina sur la Baltique. Ses revenus, qui montaient à 5,000,000 de roubles, c'est-à-dire à 25,000,000 de francs, furent quadruplés et gouvernés avec assez d'ordre, assez d'économie pour suffire à tous les besoins de l'État. Il ouvrit des communications entre les différentes provinces de l'empire, il établit un commerce régulier avec la partie septentrionale de la Perse, ses caravanes pénétrèrent jusqu'à Pékin, il établit des fabriques, des usines, des manufactures, et donna une forte impulsion aux arts ainsi qu'à l'industrie. Ce n'est donc pas seulement aux talents militaires, aux exploits de Pierre le Grand que la Russie est redevable de sa puissance, c'est encore aux conceptions de ce vaste génie, génie créateur qui embrassa tout ce qui concerne l'organisation de la société.

Le vulgaire s'exprimera de la sorte sur le compte de Pierre le Grand; mais, à notre tour, nous émettrons une opinion bien différente... Les établissements de ce prince furent-ils assis sur une base solide? Son esprit était-il remonté aux véritables sources de la prospérité des États? Nullement, car il ne s'aperçut pas que l'autorité despotique qu'il employa pour opérer ses réformes pouvait, entre les mains de ses successeurs, devenir une cause de ruine. Que l'un d'eux s'endorme nonchalamment sur le trône, ou bien qu'il veuille outre-passer les bornes du possible, — puisque son pouvoir est absolu, — n'est-il pas à craindre que tout l'échafaudage ne s'écroule et que les anciens désordres ne viennent à renaître, plus violents, plus terribles qu'auparavant? Puisqu'il voulait que son ouvrage fût perfectionné, consolidé par la suite, et pût acquérir de la stabilité, que ne s'attachait-il à établir avant tout l'esprit d'ordre, de justice, d'honnêteté, de vigilance et d'émulation? Qu'a-t-il fait? du badigeonnage. En laissant subsister l'esprit de servilisme outre mesure, en développant la corruption, la bassesse de ses peuples, il ne les changea en rien et le progrès n'eut aucune prise sur eux. En effet, sous la couche fardée de l'Européen, on reconnaît encore le Russe, c'est-à-dire le demi-sauvage, le demi-barbare. Afin de mettre la Russie en état de combattre, de commencer promptement les hostilités contre l'Europe, il se conduisit comme ces instructeurs qui, en prévision d'une guerre, poussent rapidement l'instruction des recrues. Que s'ensuit-il? Dès qu'elles sont conduites à l'ennemi, elles lâchent pied au premier coup de feu. C'est pour ce motif que la civilisation artificielle des Russes ne pourra nullement tenir contre la civilisation réelle de l'Occident.

Pierre le Grand a-t-il songé que tout gouvernement despotique devient militaire et que nul gouvernement militaire n'a de durée, parce que les soldats s'emparent tôt ou tard de l'autorité souveraine, la donnant à qui les flatte ou les asservit, et qu'ainsi les véritables bases de la grandeur d'une nation sont renversées par cette épée qui ne devait servir qu'à la protéger? Le despotisme n'inspire de la confiance et du respect qu'aux esclaves. Comme le despote est craint et haï de ses peuples, il doit chercher par tous les moyens à les opprimer davantage. Alors, il s'appuie sur la force armée; et celle-ci, ne tardant pas à savoir ce qu'elle peut, finit par opprimer son maître et par s'emparer des rênes que forcément laissent échapper ceux qui gouvernent. Le principe opposé est le seul qui soit réellement fort, réellement profitable.

La Russie n'a que les dehors de la civilisation. Depuis cent cinquante ans, ses efforts tendent à perpétuer l'illusion de l'Europe à cet égard; mais l'heure de la désillusion est venue, et la dissolution d'un État dans lequel, par une harmonie singulière, tous les ressorts du gouvernement tendent à un but unique, — rendre les sujets de plus en plus esclaves et le maître de plus en plus absolu, — ne saurait tarder bien longtemps à s'accomplir... Faut-il dévoiler ici toute notre pensée? Nous l'affirmons : si Pierre le Grand et ses successeurs se sont étudiés à ne pas aller au fond des choses, s'ils n'ont point cherché à moraliser leurs sujets avant de les civiliser, s'ils ont introduit parmi eux une civilisation mensongère, c'était afin d'accroître leurs vices, leurs besoins, leur corruption; c'était afin de les entretenir dans un état de dégradation telle, qu'ils se sentissent incapables de subsister comme nation sans une main de fer qui les contînt et conservât leur agrégation : calcul aussi faux que coupable! Le prince qui abuse du pouvoir arbitraire, le prince dont l'autorité n'est soumise qu'aux caprices de sa volonté, ne peut avoir que des esclaves pour sujets, et ceux-ci ne s'intéressent à son sort qu'autant qu'ils ont besoin de lui. Par cela même que rien ne limite sa puissance, rien ne l'étaie et ne la soutient; elle disparaît, anéantie au premier revers.

La Russie s'étant toujours ingéniée à faire grand bruit de sa civilisation et de ses forces militaires, non-seulement l'Europe s'est laissé prendre à cette ruse grossière, mais la Russie elle-même, à force de répéter ce mensonge, a fini par y ajouter foi. Or, chacun croyant à la civilisation, à la puissance de la Russie, celle-ci, à peine se fut-elle immiscée dans les affaires de l'Europe, y a pesé d'un grand poids.

La Russie, en promettant d'appuyer l'Allemagne, n'a-t-elle pas lancé la Confédération germanique contre la Révolution française et fait avorter l'œuvre émancipatrice de nos pères?

La Russie, par son influence pernicieuse, n'a-t-elle pas fait rentrer la France dans la voie rétrograde où la Restauration l'a tenue captive?

La Russie n'a-t-elle pas neutralisé le mouvement qui se produisit en 1830, et paralysé le progrès?

C'est encore la Russie, ce sont ses tendances, c'est la fausse opinion qu'on avait conçue de ses moyens d'action sur l'Europe, qui ont neutralisé les effets de la Révolution de 1848 et placé la dernière République dans cette position douteuse, craintive et sans énergie qui a causé sa mort par consomption.

Voilà ce dont la Russie fut coupable envers la France... N'est-il pas surprenant que l'Empereur Napoléon III l'ait traitée avec tant de ménagement après la chute de Sébastopol? Mais dans les affaires de peuple à peuple, quand il s'agit de la raison d'État, il n'est point permis aux souverains d'écouter leurs sentiments personnels; aussi, que la Russie se trouve une seconde fois en face de la France, et nous ne lui ferons aucun quartier.

En résumé : — pénétrer de plus en plus au cœur de l'Allemagne, s'asseoir sur la mer Noire vers les bouches du Danube, s'emparer de la Bessarabie et de la Roumanie à la faveur des troubles qui viennent de se produire à Bucharest, posséder Constantinople comme boulevard de l'Empire russe, et Sainte-Sophie comme temple de l'univers grec, telles sont les véritables intentions de la Russie. Sa politique est percée à jour... L'empereur Alexandre II le sait aussi bien que le savaient ses prédécesseurs : le lourd esclavage sous lequel ses peuples sont courbés a retiré d'eux toute vie intérieure, tout sentiment de famille et tout mobile honorable. La Russie, pour ne pas s'étioler, pour ne pas périr d'engourdissement et de torpeur, a besoin d'une vie pleine d'action et de mouvement, de combats et de conquêtes, d'une existence tourmentée, celle qui développe aux dépens de l'esprit les ressorts musculaires et l'énergie physique. Aussi le czar se tient-il prêt à tout événement, espérant que la Porte Ottomane interviendra bientôt en Roumanie, ce qui serait contraire au traité de protectorat et de garantie des Puissances, puisque la suzeraineté du sultan n'est pas déniée par le prince Charles de Hohenzollern.

Imbue de ces fatales tendances, semblable à l'aigle superbe qui règne au haut des airs et se baigne en de radieux effluves, la Russie plane, étendards déployés, au-dessus de Byzance, dont elle aspire l'âme dans son vol rapide; au-dessus de Byzance, qu'elle enlace de toute part, s'incorporant ses frontières, envahissant ses cités, absorbant par degré et de siècle en siècle ses éléments de richesse, s'appropriant ses peuples par droit de suprématie et de patronage, s'approchant à pas de conquête des murs de la ville impériale, aspirant à se raviver, à se régénérer dans les eaux bleues du Bosphore, qui sont aux enfants de Rurick comme les rayons du soleil à l'aigle moscovite.

Le double but que nous venons d'indiquer, c'est celui que Pierre le Grand s'était proposé d'atteindre; cette politique est celle qu'il avait adoptée, celle que ses successeurs ont embrassée, celle qu'ils poursuivent avec une ténacité, avec une opiniâtreté sans exemple. Notre assertion est tellement exacte que la Russie, après avoir conquis les côtes de la mer Blanche, du golfe de Finlande, de la mer Caspienne, de la mer d'Azow et de la mer Noire; après avoir obtenu accès à la navigation de la Baltique, de la Méditerranée et de l'Océan; après avoir développé son commerce intérieur en se créant de nombreux débouchés à l'extérieur, la Russie, disons-nous, loin de s'avouer satisfaite, continue de marcher résolûment, malgré son échec de Crimée, à la complète exécution des projets qu'elle médite depuis l'origine du czarisme.

Nous sommes entré dans ces détails au sujet de la politique traditionnelle de la Russie, à l'effet de justifier les craintes qu'elle nous inspire pour le repos de l'Europe. Un pressentiment secret nous induit à penser qu'elle a surexcité l'Autriche et que, sur la promesse de lui prêter main-forte, elle l'aura décidée à attaquer la Prusse et l'Italie. Si l'Angleterre restait unie à la France, si leur alliance était sincère de part et d'autre en cette grave occurrence, on aurait bon marché de la Russie; par contre, si ces deux Puissances se divisent, l'Europe nous semble exposée à de bien pénibles complications. Les diverses questions élaborées jusqu'à présent seraient fortement compromises, et cela se terminerait par des ruisseaux de sang.

Si nous voulions ne pas être écouté, il nous suffirait d'insinuer à la Russie de s'abstenir de toute conquête, de se borner à faire valoir ses possessions intérieures ainsi que la Crimée, la Mingrélie, la Circassie, la Géorgie, les rives de la mer Caspienne, la Sibérie, et surtout les parages voisins de la Chine; de ne pas s'avancer davantage vers l'Inde, parce qu'elle inquiète l'Angleterre; enfin, de ne pas se poser plus longtemps en épouvantail aux yeux des Puissances européennes. Cependant nous nous permettrons de lui soumettre une observation qu'elle devrait bien prendre en considération, ce nous semble : — par ses bienfaits, la civilisation atténue progressivement chez les peuples les différences de mœurs, de race et de climat. Malgré cela, la nature leur a distribué des aptitudes différentes et leur a créé des obstacles difficiles à surmonter, par exemple : les différences de caractères bien tranchées, et les grandes barrières qui servent à délimiter l'emplacement des États. Les subtilités de la diplomatie, l'autorité de la conquête, tout le pouvoir d'un autocrate, seraient incapables de faire fusionner des nations n'ayant aucun lien d'affinité; à plus forte raison s'il existait entre elles des causes de désunion...

Un empire ne saurait être universel. La Russie vise à conquérir Constantinople : — admettons que ce souhait s'accomplisse. On transporterait aussitôt à Constantinople le siége du gouvernement, et Saint-Pétersbourg deviendrait une vice-royauté comme Varsovie. Afin que la nouvelle capitale ne se trouvât pas à l'extrême limite de l'empire, il faudrait que la Russie s'agrandît encore vers l'orient et qu'elle s'incorporât la Grèce. Où s'arrêterait la conquête? Croyez-vous, tandis que la Russie tournerait ses efforts vers ces lointains parages, que la Pologne ne tenterait pas de s'affranchir, que la Suède ne voudrait pas reprendre les provinces dont elle a été dépouillée, que la Courlande n'exciterait pas la convoitise de la Prusse? Nous conseillons donc à la Russie de travailler, sans arrière-pensée, à asseoir l'équilibre du monde, et, surtout, plus de projet d'agrandissement de sa part. Jadis, en adjoignant à Rome une seconde capitale, Byzance, Constantin prépara la ruine de l'empire romain.

XII.

Angleterre.

Nous avons fait entendre à la Grande-Bretagne un langage sévère, cependant nous ressentons de l'estime pour ses citoyens et de l'admiration pour son gouvernement. Les phases révolutionnaires qu'elle a su traverser avec tant de bonheur ont encouragé les peuples à réclamer les mêmes avantages. Pour elle, plus de révolutions, mais seulement des réformes. Le gouvernement l'a compris; qu'il cède à ces besoins, et la prospérité du pays est assurée, car la force morale dont jouit le pouvoir en Angleterre lui permet de tout espérer. D'ailleurs un devoir sacro-saint lui incombe : c'est d'appeler à la vie sociale les 200 millions d'âmes qui peuplent l'Hindoustan. Disons-le aussi : elle seule a su réhabiliter le repentir. Quelle est la base de sa plus belle colonie? *Le pardon!*.... N'est-ce pas avec des *condamnés* qu'elle fonda l'Australie?

Malgré l'attitude qu'elle s'impose, — ce dont nous ne la félicitons guère, — l'Angleterre est peut-être de toutes les Puissances celle qui a le plus d'intérêt à maintenir le *statu quo*. La mer est un domaine; or l'Angleterre le revendique; non plus ouvertement, comme autrefois, mais de fait. Plus les États seront morcelés, moins ils seront propres à former quelque grande Puissance maritime, et plus l'Angleterre sera certaine de sa prééminence. Il ne lui convient donc pas de se mettre trop en avant, de peur qu'il ne surgisse un bouleversement inattendu dont elle aurait à se plaindre. Son libéralisme est connu, néanmoins elle l'exagère un peu; c'est un moyen qui l'aide à servir de médiatrice. Lorsqu'il y a nécessité absolue pour elle d'intervenir efficacement, alors ses intérêts lui conseillent d'écraser le plus fort des deux rivaux. Est-ce par raison, par devoir, par sentiment ou par calcul? La réponse est au bout de vos lèvres.... Mais, pas de flatteries, pas de duplicité chez nous.

Il fut un temps où l'Angleterre n'était jamais plus disposée à nous nuire que lorsqu'elle nous écrasait de ses protestations. Sa politique à double face lui aurait mérité d'être mise au ban de l'Europe. On a beau prétexter que cette conduite peu honorable lui était imposée par sa position exceptionnelle, — celle d'un petit État, devenu une grande nation et ayant charge de 250 millions d'âmes; — rien, ce nous semble, n'autorise un peuple à se parjurer, à se déshonorer. Dans cet ordre d'idées, il est merveilleux que l'Angleterre n'ait pas eu à payer les fautes de sa politique. Peut-être sa marine, sa richesse, son industrie, ses capitaux, pesaient-ils d'un trop grand poids dans l'avenir du monde pour qu'il fût possible de la river sur son île? Quoi qu'il en soit, il paraîtrait qu'elle obéit depuis quelques années à des mobiles plus avouables. L'exemple de la France, dont elle est devenue l'alliée, aurait-il exercé sur elle une action bienfaisante en la rappelant à des sentiments meilleurs? Nous le souhaitons vivement.

Quelques écrivains attribuent à l'Angleterre l'unité qu'elle n'a pas, et vont jusqu'à dire qu'elle lui doit sa grandeur. Cette opinion pèche par défaut d'exactitude. Les Anglais, Écossais, Irlandais, forment trois races distinctes, quasi antipathiques. Dans leur isolement primitif, elles ont senti leur faiblesse : cela les a rapprochées; ensuite le commerce, l'industrie, le mouvement intellectuel, l'activité nationale, la circulation des capitaux, vinrent peu à peu resserrer leurs liens politiques. Cette organisation n'est pas exempte de critiques. Ainsi toutes les facultés, toutes les forces vives de la nation sont tournées vers le lucre; dans un pays où l'argent est tout à la fois le pivot et le mobile de la distribution sociale, vienne une crise monétaire ou commerciale, et les institutions seraient englouties par la tourmente... Mais tout cela est bien peu probable.

Le peu de consistance de sa domination dans l'Inde, jusqu'à ce jour, appelle sans nul doute la sollicitude du gouvernement anglais. Voilà l'origne des inquiétudes, des défaillances et de la susceptibilité de l'Angleterre. Le jour où elle sera persuadée que la France ne songe à exercer aucun acte de répétition sur ses possessions de l'Inde, elle lui jurera une amitié éternelle; bien plus, elle tiendra son serment. Qu'on établisse donc un pacte sur cette base : à nous, la prépondérance en Europe; aux Anglais, la domination des Indes; et vous verrez si le monde ne s'en trouvera pas beaucoup mieux.

L'alliance de l'Angleterre et de la France dure depuis tantôt douze ans, cependant on ne lui avait accordé, au début, que quelques mois d'existence. Quels ont été ses fruits? L'abaissement de l'orgueil moscovite et la régénération de l'Italie. Dans cette dernière question, l'Angleterre n'est pas entrée en lice, mais elle ne s'est pas opposée aux manifestations de la France.

Malgré les résultats obtenus dès l'ouverture de la campagne de Crimée, malgré l'accord, l'ensemble et la bonne harmonie qui régnaient entre les flottes et les armées combinées, bien des gens affectaient de révoquer en doute la sincérité de l'alliance anglo-française, soit qu'ils n'y crussent réellement pas, soit que, voulant provoquer la méfiance entre ces deux peuples, ils tendissent à paralyser leur action commune.

Agir ainsi de dessein prémédité, c'était, à moins qu'on ne fût Russe, Autrichien, ou ultramontain, faire acte de méchanceté. Ceux qui se trompaient de bonne foi, et le nombre en était peu considérable, témoignaient une profonde ignorance des premières notions de la politique européenne.

Cette alliance est utile, nécessaire, indispensable au salut du monde; le repos de l'Europe y est intéressé, et le bien-être général dépend uniquement de la paix qu'imposeront bientôt les deux grandes nations occidentales aux autres États de l'Europe, avec le concours de la Prusse et de l'Italie. Si le cadre de cet ouvrage nous permettait de nous étendre un peu plus longuement sur les tendances généreuses et les nobles aspirations qui sont en suspens dans notre milieu social, où elles entretiennent une fermentation continue, on comprendrait encore mieux l'efficacité d'une alliance conforme aux besoins de l'époque et au progrès de la civilisation.

L'Angleterre, aujourd'hui parfaitement édifiée sur les intentions pacifiques et désintéressées de l'Empereur, ne pourrait lui savoir mauvais gré de se mettre en état de défense, à la dernière heure, si les événements l'exigeaient. Nous l'avons donné à entendre : les intérêts de la France et de la Grande-Bretage, sans être identiques, ont une certaine connexité entre eux. Que l'Angleterre laisse prédominer l'influence russe ou l'influence autrichienne, et c'en est fait de sa gloire, de sa puissance, de son avenir. Mais non : elle marchera, de même que la France, en tête des nations civilisées, pour procéder à l'exécution sommaire des derniers vestiges de la barbarie...

Nous le répétons, sans crainte des redites : — en se divisant, la France et l'Angleterre ne sauraient que se nuire; en restant unies, tout leur est possible. Ah! combien ces deux grandes nations doivent regretter d'avoir été si longtemps ennemies et de s'être porté mutuellement de si terribles coups!

S'il est impossible de prévoir, dès à présent, le jour où l'Europe sera remise de la secousse actuelle, le jour où sa position sera définitivement assise, et l'instant où sa stabilité cessera d'être une fiction, on peut dire, avec certitude, que cette alliance contribuera puissamment à hâter la solution tant désirée. Ne serait-ce que pour la satisfaction de leurs intérêts matériels, la France et l'Angleterre doivent rester unies à tout jamais; or l'honneur et le devoir le leur commandent!...

XIII.

Italie.

Comment trouver à dire, sur l'Italie, quelque chose qui ne soit dans toutes les bouches ou que les événements n'aient indiqué à l'attention du public?

L'Autriche, affectée par sa première défaite, aveuglée par la passion, s'est lancée à corps perdu dans la cause du despotisme et de la tyrannie. La Péninsule vole au secours de ses concitoyens que l'on torture, que l'on ruine, et auxquels on enlève les emblèmes de leur antique gloire. Le sang va couler à torrents... Si l'Autriche était seule, on pourrait laisser courir les deux champions l'un contre l'autre. Mais l'Autriche a des alliés; elle a des associés fidèles et terribles... Les premiers se battent en champ clos, selon les lois de la guerre; les autres s'embusquent derrière le confessionnal, le poignard à la main, ou bien se cachent dans les forêts de la Calabre et du domaine de Saint-Pierre, la carabine sur l'épaule. Ces derniers, s'ils ne sont pas les plus à craindre, sont cependant les plus difficiles à soumettre. Il ne faut plus qu'on donne à l'Europe le spectacle d'un peuple qui périt pour sa nationalité; il ne faut plus qu'on donne au monde le scandale d'une extermination de rebelles au pouvoir temporel. Voilà pourquoi la France s'est armée; voilà pourquoi la France s'armera une seconde fois pour l'Italie.

Devant cette lutte suprême, l'Italie doit se réconforter en silence et puiser dans son courage, dans son dévouement aux intérêts sacrés de la patrie, la force d'arracher la Vénétie des mains de ses barbares oppresseurs. Qu'elle reste unie, qu'elle se préserve de toute mésintelligence, qu'elle prête une oreille attentive aux conseils de la France, son alliée sincère, sa véritable amie, et ces épreuves seront les décisives, et ces derniers combats seront pour elle une nouvelle occasion de triomphe. Mais nous vous recommandons, ô Italiens, d'observer la plus rigide discipline. On n'est pas digne de vaincre lorsqu'on ne sait pas obéir. Voyez Garibaldi : n'est-il pas demeuré dans son île jusqu'au moment où Victor-Emmanuel lui a écrit : « Venez ! » Imitez son abnégation, imitez son esprit de discipline; c'est à la discipline que vous serez redevables de la victoire : *In hoc signo vinces!*

On aurait beau compulser l'histoire, on ne trouverait nulle part un exemple de dignité, de calme, de modération, de bon sens et de sagesse aussi frappant que celui offert par le peuple italien après la mémorable campagne de 1859.

Délivrées tout à coup de leurs tyrans, les différentes provinces ont su disposer d'elles-mêmes avec discernement, et sauvegarder leurs aspirations, leur liberté, leur unité, leur indépendance.

La Toscane, qui joua jadis un rôle si brillant à la tête de la civilisation italienne, consentit volontiers à perdre sa dénomination historique et s'enrôla sous la bannière nationale. Milan, Parme, Modène, Naples, Palerme, suivirent ce généreux exemple, et pas une d'elles n'a poussé un soupir de regret pour les priviléges ou les avantages attachés au titre de capitale qu'elles sacrifiaient ainsi.

La masse du peuple, qui végétait dans l'ignorance, courbée sous le joug théocratique du clergé, a été admise aux bienfaits d'une éducation plus libérale.

Les services administratifs, livrés jusqu'alors à l'immoralité, à la cupidité, aux vexations de toute nature, perdirent en peu de temps le caractère de corruption furtive et clandestine qui les signalait au mépris général.

La révolte et le brigandage, organisés dans les provinces napolitaines par les sectateurs de l'obscurantisme, n'ont trouvé aucun adhérent au sein des autres provinces.

L'impôt n'a été refusé nulle part.

La jeunesse, déshabituée du service militaire, s'est présentée sous les drapeaux avec enthousiasme.

Chaque citoyen a aidé le trésor public selon ses ressources, et quelques-uns se sont imposé dans ce but les plus grands sacrifices.

Partout l'ordre et la tranquillité devant les manifestations guerrières du gouvernement.

Les volontaires se sont montrés sublimes d'élan patriotique.

La nation est restée digne de son roi, et Victor-Emmanuel s'enorgueillit à juste titre de son peuple...

Ah! franchement, qui donc s'attendait à une conduite si exemplaire, à une conduite que bien peu de peuples auraient tenue en pareille circonstance? De nos éclaircissements il résulte ceci : les obstacles que l'Italie rencontrera sur sa route sont des obstacles passagers; tous sont susceptibles d'être aplanis avec le temps; aucun d'eux n'est incompatible avec l'unification de l'Italie, et la consécration de l'œuvre patriotique doit être considérée comme un fait accompli.

Nous ne parlerons pas de Rome, la question ayant été réservée par nous dès les premières pages de cet opuscule. Qu'il nous soit cependant permis de dire que Rome est la seule, la vraie, l'unique capitale possible pour l'Italie. Mais, autant nous désirons qu'elle fasse retour à l'Italie, autant nous serions affligé du transfert de la papauté, surtout si la violence s'en mêlait pour faire subir au Souverain Pontife les ennuis de la persécution. La nation italienne est incapable d'un pareil forfait.

Un dernier mot : — n'allez pas vous imaginer que ce soit par un vain désir de gloire que les bataillons italiens aient été rassemblés. Victor-Emmanuel, refrénant l'ardeur de sa vaillante armée, avait adhéré à la proposition de Congrès, purement, simplement, sans arrière-pensée, avec l'intention de souscrire loyalement à la décision des arbitres. Après la campagne de 1859, il fallut tout créer en Italie : l'armée, la marine, les fortifications, le matériel de campagne, le matériel de siége, l'armement, l'habillement, le campement, le service des ambulances, les administrations civiles, les travaux publics, etc. Les finances du pays sont donc obérées; cependant on aurait compté volontiers à l'Autriche une indemnité en argent pour la cession de la Vénétie, ou bien on aurait acheté au Sultan soit la Servie, soit la Bosnie, pour l'offrir en compensation. A ces propositions, l'Autriche a souri dédaigneusement, du haut de sa grandeur. Ce sourire la tuera ; le sort en est jeté !...

XIV.

France.

Il a existé de tout temps des esprits exagérés. Nous ne sommes donc nullement surpris que certains auteurs aient prêté à la France, à son gouvernement, à ses souverains, des vues toujours justes, toujours désintéressées; qu'il se soit trouvé des gens plus royalistes que le roi, et d'autres plus bonapartistes que Napoléon. Ce sont là des amis dangereux; on doit s'en méfier.

Pour notre compte, nous n'approuvons, de la part du premier Empire, ni l'érection du royaume d'Italie sous la dépendance de la France, ni la formation du royaume de Westphalie, ni l'organisation de la Confédération du Rhin, ni l'inféodation de plusieurs États allemands à l'Empire français, ni cette politique qui imposait pour souverains à l'Espagne, à Naples, à la Hollande, etc., des membres de la famille impériale; en revanche, nous sommes partisan du développement naturel de l'Empire français.

Nous admettons une alliance intime, mais libre et indépendante, entre tous les peuples de chaque race, parce que, selon nous, c'est ainsi qu'on asseyera l'équilibre, la pondération de l'Europe. Toutefois, nous croyons trop à l'importance des frontières naturelles pour admettre que l'Europe ait un avantage à se fractionner en trois zones irrégulières, figurées par les possessions dévolues respectivement à la race latine, à la race germanique et à la race gréco-slave; chacune de ces races ayant sa religion adoptive, le catholicisme, le protestantisme, le culte grec, et toutes les trois ayant un lien de rapprochement, le christianisme.

Cette combinaison, comme futur remaniement de la carte européenne, nous paraît ridicule, absurde, impossible. De fait, le catholicisme est plus hostile au protestantisme qu'il ne l'est au bouddhisme ou à l'islamisme. Les catholiques font chaque jour des conversions parmi les Asiatiques et les sauvages de l'Amérique; mais les protestants se font des prosélytes en Europe. D'ailleurs, est-ce que les catholiques ne se divisent pas en ultramontains, gallicans, jésuites, jansénistes, etc.? est-ce que les protestants n'ont pas des luthériens, des calvinistes, des anabaptistes, des non-conformistes, etc.? Est-ce que, parmi les sectaires de la religion grecque, les uns ne reconnaissent pas la suprématie religieuse du czar, les autres celle du patriarche de Constantinople ou autre pontife? D'après le système proposé, que deviendraient les dissidents, par exemple les juifs, les moraves, les libres penseurs? Faudrait-il les brûler, les noyer, ou tout bonnement les transporter en des pays lointains?... Mais la tolérance est une des plus belles conquêtes de la révolution; mais il n'y a plus de religion de l'État; mais tous les cultes sont tolérés, protégés; et vous voudriez ouvrir une nouvelle source de discordes en fournissant des prétextes aux guerres de religion, les plus horribles, les plus détestables de toutes!...

Au point de vue des affinités de peuple à peuple, le système en question n'est guère moins déraisonnable. Les Siciliens n'aiment pas les Français; jamais ils ne s'entendraient ensemble; les Vêpres siciliennes ont creusé entre eux un abîme infranchissable. Les Belges ne sauraient pactiser avec leurs anciens bourreaux, les Espagnols. On aura beau faire, les Vénitiens ne seront pas amis des Croates qui les ont sabrés; les Hongrois ne se résigneront point à fraterniser avec les Bulgares; les Magyars, avec les Albanais; les Polonais, avec les Russes... Eh! quel sort réserverez-vous à la race scandinave, la moins mélangée de toutes? Enfin la Grande-Bretagne n'a-t-elle pas initié les gouvernements au régime constitutionnel et parlementaire, conjointement avec la Hollande? De même, conjointement avec la Hollande, cette nation si sage, si laborieuse, n'a-t-elle pas divulgué les premiers principes de commerce, d'industrie? Ne nous a-t-elle pas enseigné à construire les chemins de fer et les télégraphes? n'a-t-elle pas prêté son argent au monde entier? ne lui a-t-elle pas appris à s'en servir et à le gagner? Pour prix de ses efforts vous l'excluriez du concert européen, vous la placeriez en face d'entités colossales, dont l'une ou l'autre l'asservirait inévitablement; mais ce serait une noire ingratitude, une indigne injustice!... Tenez-vous-en donc purement au principe des nationalités, respectez les limites que Dieu a posées, ne vous écartez pas des règles du bon sens, laissez la religion se produire seule, empêchez-la de se mêler aux affaires de l'État, donnez dans de justes mesures satisfaction aux aspirations de l'époque, et ce que vous instituerez aura des chances de stabilité.

Nous le dirons à la louange de la France: cette nation, depuis la fondation de sa monarchie, s'est toujours appliquée à former une puissance compacte, homogène. Environnée d'ennemis, elle combat depuis douze cents ans pour conquérir ses frontières naturelles: les Pyrénées, la Méditerranée, les Alpes, le Rhin et l'Océan. Malgré les alternatives de bonne ou de mauvaise fortune, malgré ses dissensions intestines, elle a soutenu des luttes gigantesques avec les Anglais, les Bataves, les Espagnols, les Italiens, les Allemands. A peine est-elle remise de ses revers ou de ses défaites, — et ce n'est pas long, chez elle, — on la voit descendre de nouveau dans l'arène, avec la même ardeur, la même persévérance. Non-seulement elle propage le principe des nationalités par son exemple, par les conseils de son gouvernement, et au besoin par les armes, mais ses littérateurs, ses hommes de talent, s'efforcent de prêter à ce principe leur appui moral. Or, on doit se garder de confondre les aspirations d'un peuple avec les actes de son gouvernement, car ce dernier est souvent empêché par des circonstances impérieuses, ou bien il n'est pas toujours, lui-même, l'expression du sentiment national.

Le lecteur a dû s'en apercevoir: nous ne transigeons pas; nos convictions de libéralisme, nos tendances démocratiques, sont inébranlables; franchement rallié à la doctrine militante, nous préconisons la politique d'action; néanmoins nous reconnaissons que l'expectative est parfois nécessaire, attendu qu'en certains cas on se trouve fort bien d'avoir su temporiser.

A l'origine du conflit danois, les sympathies de la France étaient acquises au Danemark. L'Empereur, dans l'espoir de rallier les puissances à notre opinion, propose un congrès. Lors de son avénement à l'Empire, il avait proféré une parole mémorable: « L'Empire, c'est la Paix! » En effet, la France a besoin de la paix pour vivifier ses institutions, pour accroître ses ressources, pour étendre son commerce et son industrie; mais d'une paix honorable, bien

Convoi militaire italien.

entendu. D'un autre côté, les grandes Puissances nous jalousent, nous redoutent; elles craignent de nous voir prendre une prééminence mieux dessinée en Europe. Nous en étions donc à nous demander si l'affaire du Danemark n'était pas un piége. Cet incident, si minime en apparence, n'était-il pas susceptible de mettre le feu aux quatre coins du continent? L'Autriche désirerait, sans doute, prendre sa revanche de 1859 ; la Russie ne serait pas fâchée de réparer sa défaite de Crimée. Enfin la sincérité de l'Angleterre, dans ses protestations d'entente cordiale, est-elle bien à l'abri de tout soupçon? Nous voulons le croire, mais qu'elle nous le prouve... On a beaucoup reproché au premier Empire son ambition, son amour des conquêtes, sa promptitude à s'en remettre au sort des combats avant d'avoir épuisé les voies de conciliation. Que fit l'empereur Napoléon III en voyant l'inutilité de sa proposition de congrès? Comme il ne veut pas qu'on puisse lui imputer d'avoir précipité la France dans les aventures, d'avoir couru au-devant des hasards de la guerre, il laissa les belligérants s'arranger entre eux. C'était prudent et pénible tout à la fois. La France lui a su gré de sa résignation.

On le sait : l'occupation des duchés de l'Elbe soulève un désaccord tranché entre l'Autriche et la Prusse. La Confédération germanique s'est divisée. Les États secondaires prennent parti pour l'une ou pour l'autre des Puissances rivales. Tout le monde arme, en Allemagne. L'Italie, menacée par les armements de l'Autriche, pense à profiter de cette circonstance pour récupérer la Vénétie; elle prend les armes à son tour. La France s'interpose encore. Nouvelle proposition de congrès. L'équilibre européen se trouvant sur le point d'être rompu, il appartient à l'Europe de le rétablir. L'Angleterre et la Russie acceptent ce mode d'arrangement. Sur ces entrefaites, l'élection du prince Charles de Hohenzollern au trône moldo-valaque vient changer les dispositions de la Russie. Si la Turquie se mêle de cette affaire, ce qui est probable, cela servira de prétexte à la Russie d'occuper les Principautés. Aussitôt, cette puissance s'allie secrètement avec l'Autriche, l'anime au combat et la pousse en avant. Le congrès n'ayant plus aucune chance de réussir, — nous savons maintenant qu'il ne se tiendra pas, — il ne reste plus qu'un moyen d'en finir : la bataille! Que va donc faire la France?

A cette heure, il est parfaitement établi que l'Autriche et la Russie endossent la terrible responsabilité des événements. Elles ne se priveront probablement pas, si elles le peuvent, de susciter des troubles en France aussi bien qu'en Italie, en Angleterre et en Allemagne. Ces tentatives seront infructueuses, nous le croyons. L'Allemagne se méfie des présents de la Russie : *Timeo Danaos et dona ferentes.* L'Angleterre est inabordable. La France ne bougera pas; les diverses nuances de l'opposition s'effaceront en présence de la guerre étrangère. En Italie, c'est autre chose : le fanatisme exhale déjà son souffle empesté ; il tient prêtes ses torches incendiaires; le brigandage se concentre sur le domaine de Saint-Pierre pour faire irruption dans les provinces napolitaines; mais la fermeté du gouvernement italien et le patriotisme des populations nous rassurent à cet égard.

A parler sans détours, la France a réellement besoin de la paix. De vastes travaux d'utilité publique sont en cours d'exécution; la guerre d'Amérique a porté la perturbation parmi nos manufactures ; un fléau frappe depuis longtemps une des récoltes les plus précieuses de l'agriculture : celle de la soie; l'attente des événements arrête tout essor commercial et rend notre industrie stérile. Mais la dignité de la France, sa considération, son honneur, lui imposent une tâche à laquelle elle ne faillira pas, quelque pénible, quelque douloureux qu'il soit d'accomplir ce devoir.

La guerre qui va s'ouvrir, l'Empereur l'a donc conjurée de toutes ses forces, à deux reprises différentes.

Dès l'ouverture de la campagne de 1859, il avait dit, de sa voix la plus solennelle : « L'Italie sera libre, des Alpes à l'Adriatique! » Malgré cette promesse formelle, il consentit cependant au traité de Zurich. Croyez-vous qu'il ne lui en a pas coûté de se déjuger ainsi et de comprimer à deux mains les élans de son cœur? Croyez-vous qu'il n'était pas touché de la grande ovation que l'Italie lui avait faite et qu'il ne se ressouvenait plus des transports d'allégresse que le peuple fit éclater à sa vue lors de son entrée à Milan? Il lui a fallu de la grandeur d'âme pour arrêter court ses bataillons victorieux. C'est ce qu'il a fait, plutôt que d'allumer en Europe une guerre générale.

Lors de la campagne de Crimée, n'avait-il pas obéi déjà au même sentiment de modération, en dépit des instigations de l'Angleterre qui aurait désiré abattre d'un seul coup la puissance maritime de la Russie, aussi bien dans la mer Noire que dans la Baltique?

L'expédition du Mexique, entreprise avec l'assentiment de l'Espagne et de l'Angleterre, a mis en relief le désintéressement de l'Empereur. Non content de placer la couronne impériale sur la tête d'un archiduc d'Autriche, il a fixé un terme rapproché à l'occupation de nos troupes.

L'évacuation de Rome n'aurait-elle pas eu lieu avant peu s'il n'était devenu nécessaire pour nous de conserver ce point stratégique, à cause de l'attitude belliqueuse de l'Autriche?

Enfin, depuis plus de quarante ans, notre armée a-t-elle été jamais aussi faible, numériquement parlant, qu'elle l'est aujourd'hui? L'effectif atteint tout au plus la moitié du chiffre réglementaire, encore le nombre de présents sous les drapeaux ne dépasse-t-il guère le tiers de ce chiffre.

Par ces divers motifs, — cela ne laisse aucun doute dans notre esprit, — les grands corps de l'État, c'est-à-dire le Sénat et la Chambre législative, ne sauraient refuser leur concours à la politique du gouvernement, si l'Empereur était amené malgré lui à la guerre. Quant aux masses, elles sont trop patriotiques, elles apprécient trop bien les idées de l'Empereur pour ne pas s'en reposer entièrement sur lui.

Cependant, en sus des questions soulevées précédemment, il en est d'autres qui affectent plus intimement la grandeur, l'avenir de la France, parce qu'elles se rattachent à ce principe des nationalités que nous avons déjà débattu; parce qu'elles se rapportent à ces frontières naturelles que nous avons présentées comme une nécessité pour les empires; parce que, en vertu de l'accord providentiel établi entre la forme des sociétés, l'avenir de la démocratie et l'expansion des idées novatrices, elles ont de nombreux points de contact avec le progrès du mouvement intellectuel et social, c'est-à-dire la civilisation. On comprend que nous voulons parler de la suppression des traités de 1815.

Reprenons les choses de plus haut.

L'Empire, consacré en 1804, éleva la fortune de Napoléon à son apogée et mit le comble à la puissance de la France; mais, par une loi fatale, les extrêmes se touchent.

18 mai 1804, sénatus-consulte organique qui nomme Empereur le premier consul Bonaparte et rend la dignité impériale héréditaire dans sa famille.

L'Angleterre, seule à résister au prodigieux prestige que Napoléon exerçait sur les autres nations, faisait des efforts incessants pour lui susciter des embarras ou lui créer des ennemis. Elle ne se méprit pas à la concentration considérable des troupes (200,000 hommes) que l'Empereur avait établie au camp de Boulogne dès le commencement de 1805. Craignant une descente dans son île, elle sut organiser, avec cette activité fébrile que donne le danger, une coalition avec la Suède, l'Autriche et la Russie.

Ces deux dernières puissances attaquent la Bavière, notre alliée, sans déclaration de guerre préalable.

Napoléon part le 21 septembre 1805 pour l'Allemagne. La grande armée se transporte en moins de six semaines des rives du Rhin sur celles du Danube.

19 octobre. Capitulation d'Ulm.

11 novembre. Entrée à Vienne.

2 décembre. Bataille d'Austerlitz.

26 décembre. Traité de Presbourg, par lequel l'Autriche, entre autres concessions, abandonne au royaume d'Italie la Dalmatie, l'Istrie, la Vénétie. Formation du grand-duché de Bade, du royaume de Bavière, du royaume de Wurtemberg, etc.

12 juillet 1806. Traité de Paris portant organisation de la Confédération du Rhin et dissolution de l'empire d'Allemagne. François II prend le titre d'Empereur d'Autriche.

Royaume de Naples (Joseph Bonaparte).

Royaume de Hollande (Louis Bonaparte).

Levée de boucliers de la part de la Prusse, secondée par la Suède et la Russie, pour contre-balancer la prépondérance des Français en Allemagne.

14 octobre. Bataille d'Iéna.

27 octobre. Entrée à Berlin.

21 novembre. Dénonciation du blocus de l'Angleterre.

27 novembre. Occupation de Varsovie.

9 février 1807. Bataille d'Eylau.

14 juin. Bataille de Friedland.

25 juin. Entrevue de Tilsitt.

Royaume de Westphalie (Jérôme Bonaparte).

8 juillet. Traité de Tilsitt.

Au lieu de reconstituer le royaume de Pologne et d'écraser la Russie, Napoléon comble l'empereur Alexandre de gracieusetés afin de le rallier au blocus continental.

Napoléon songe à expulser d'Espagne les Bourbons, comme il les avait chassés de Naples.

9 novembre 1807. Conquête du Portugal.

2 avril 1808. Occupation de Rome.

— Guerre d'Espagne. Joseph Napoléon, roi d'Espagne. Murat, roi de Naples.

1809. Campagne d'Autriche : Eckmühl, Essling, Ratisbonne, Wagram.

1810. Les Hollandais forment une nation essentiellement commerçante. Ils avaient des relations suivies avec l'Angleterre, ce qui les empêchait d'exécuter avec rigueur les prescriptions du blocus continental. Le duché d'Oldenbourg et les villes anséatiques imitent l'exemple de la Hollande. La Russie, excitée par les suggestions de l'Angleterre, agit de même. Napoléon incorpore à la France le royaume de Hollande, les villes anséatiques et le duché d'Oldenbourg. Mécontentement de la Russie. Élection de Bernadotte en qualité de prince royal de Suède.

1811. Négociations diplomatiques avec la Russie. Armements en Allemagne. Guerre d'Espagne dans laquelle les Anglais se font les alliés des Espagnols. Succès divers.

1812. L'Angleterre intrigue près des cours allemandes, tandis qu'elle fomente des troubles à l'aide des sociétés secrètes de la jeune Allemagne.

Napoléon ayant cru devoir occuper quelques points stratégiques en Suède, bien que Bernadotte se fût conformé au blocus continental, les Suédois s'allient à la Russie.

Campagne de Russie. Batailles de Smolensk et de la Moscowa. Prise de Moscou. Retraite. Passage de la Bérézina. Désastres.

Revers en Espagne.

1813. Les Bourbons rétablis en Espagne.

La Prusse entre dans la coalition.

Batailles de Lutzen, de Bautzen et de Wurschen. Armistice inopportun...

L'Autriche adhère à la coalition.

Bataille de Dresde.

La Bavière se livre à l'ennemi.

Bataille de Leipzig. Trahison des Saxons et des Wurtembergeois.

Retraite d'Allemagne.

L'armée française repasse le Rhin.

Traité de Tœplitz, dit de la *Sainte-Alliance*, entre l'Angleterre, l'Autriche, la Prusse et la Russie.

1814. Joachin Murat, roi de Naples, adhère aux stipulations du traité de Tœplitz.

L'armée anglo-espagnole franchit les Pyrénées. 10 avril, bataille de Toulouse.

Invasion des armées alliées.

Campagne de France : combats glorieux de Brienne, Champ-Aubert et Montmirail.

31 mars, Capitulation de Paris.

14 avril, Abdication de Fontainebleau et départ pour l'île d'Elbe.

Négociations diplomatiques donnant lieu au traité de Paris.

L'esprit de la quadruple alliance était très-hostile à la démocratie, au mouvement des idées, à la révolution et à tout ce qui fait l'essence des libertés populaires. Les Bourbons furent donc restaurés au nom du droit divin[1], principe d'où émanent l'obscurantisme, l'absolutisme, le bon plaisir, l'omnipotence religieuse, la compression et l'*hérédité quand même.*

Dans l'impossibilité de démembrer la France, les souverains étrangers espéraient trouver des instruments dociles parmi les membres d'une famille dont le chef (Louis XVI) avait péri sur l'échafaud, immolé par la Révolution. Mais, si le comte d'Artois, le duc de Berry, le duc et la duchesse d'Angoulême étaient voués corps et âme au parti *ultra*, par contre le duc d'Orléans et le roi Louis XVIII, lui-même, passaient pour être entachés de libéralisme. En narrateur impartial, nous convenons que ce souverain s'opposa fortement à une levée de contributions extraordinaires de la part des alliés; il s'efforça d'étouffer les réactions violentes auxquelles la camarilla poussait le parti royaliste; enfin, il se préparait déjà à octroyer une charte, quand la nouvelle du débarquement de Napoléon au golfe Juan, sur les côtes de Provence (1er mars 1815), retentit en Europe comme un coup de foudre.

Louis XVIII, tout impotent qu'il fût, trouva le moyen de se sauver à temps, en laissant un bon mot : « Je ne croyais pas que la couronne de France « dût être le prix de la course. »

Napoléon rallia sur sa route la plupart des corps de troupes envoyés contre lui. Arrivé à Fontainebleau le 19 mars, il fit son entrée à Paris le lendemain. Son premier soin fut de réorganiser l'armée, car il s'attendait à voir les alliés marcher derechef sur la France; nonobstant, il fit près de son beau-père, l'empereur d'Autriche, des démarches de conciliation, promettant de ne pas attaquer les Puissances et de s'en référer à leur décision sur ce qui touchait au règlement des affaires relatives à la France. Les plénipotentiaires, assemblés à Vienne depuis plusieurs mois, étaient sur le point de se séparer après avoir procédé au partage de l'Europe en vertu de certaines stipulations dont nous rendrons compte plus loin au lecteur. L'empereur de Russie, Alexandre, n'avait pas dédaigné de surveiller en personne les délibérations du congrès, eu égard à l'importance toute particulière qu'il mettait à faire accorder la Saxe au roi de Prusse et à se faire adjuger à lui-même toute la Pologne. Les ouvertures de Napoléon ayant été repoussées, on se prépara donc à la guerre de part et d'autre.

Le retour de l'île d'Elbe avait été salué par des acclamations enthousiastes; pourtant des signes de mésintelligence ne tardèrent pas à se manifester entre les représentants de la nation, jaloux des libertés du pays, et l'empereur, trop animé du désir de reprendre l'exercice de l'autorité souveraine dans toute sa plénitude. Ce génie, dont la postérité admirera les belles conceptions, ne sentit pas que ce n'était nullement l'heure de discuter; en admettant qu'il eût la main forcée pour un instant, la victoire ne lui aurait-elle pas rendu ses prérogatives, et au-delà? Or il lui fallait vaincre, et vaincre à tout prix, n'eût-il conservé, comme Latour-d'Auvergne, que le titre de *premier grenadier de France!*... Ces déplorables dissidences eurent pour effet de lui enlever des ressources bien précieuses, en hommes et en argent... Autre observation : — si Napoléon eût attendu, pour revenir en France, que les armées allemandes se fussent dissoutes et que les troupes russes eussent été réparties dans l'immensité de l'empire du Czar, il aurait eu beaucoup plus de temps pour réunir ses moyens de défense.

Cependant les Alliés marchaient sur les frontières du Nord et de l'Est. Les armées se rencontrèrent en Belgique. Nos troupes, après quelques succès obtenus à Fleurus et à Ligny, furent battues à Waterloo (18 juin 1815). Cette défaite plongea la France dans le deuil, car elle mettait en possession du pays un ennemi irrité.

On sait comment, après avoir abdiqué, Napoléon alla mourir sur le rocher de Sainte-Hélène.

Cette fois, la France fut traitée en pays conquis. Humiliations, vexations, ravages, contributions forcées, indemnités de guerre, occupation des places fortes jusqu'à parfait payement : les alliés ne lui épargnèrent aucune honte, aucune douleur.

Joachim Murat, roi de Naples, désirant réparer la

faute qu'il avait commise l'année précédente en abandonnant la partie de la France, fit une diversion dans la haute Italie ; mais il fut battu à Tolentino le 2 mai, c'est-à-dire avant la bataille de Waterloo, et perdit sa couronne. Nous savons aussi comment il perdit la vie, quelques mois plus tard.

La chute de Napoléon entraînait celle de la liberté. Ce petit gentilhomme corse, ce soldat de fortune qui avait fait trembler l'univers, succombant sous les efforts de toute l'aristocratie de l'Europe, c'était la victoire des rois sur les peuples, le triomphe du droit divin sur la démocratie. Effectivement, on sanctionna par les traités de 1815 les maximes les plus rétrogrades, les plus pernicieuses pour l'humanité ; on se partagea l'Italie comme un gâteau ; on échafauda ce monument d'impéritie, d'orgueil et de convoitise, appelé la Confédération germanique; on consacra l'esclavage de la Pologne; on affaiblit le Danemark en faveur de la Suède et de la Prusse ; on réunit la Belgique à la Hollande, malgré la répulsion des habitants les uns pour les autres; on nous enleva la Suisse pour la placer sous le protectorat des alliés; on nous reprit la Savoie pour l'annexer au Piémont, ainsi que Gênes et le comté de Nice qui s'étaient réunis volontairement à la France; non content de nous refouler bien en-deçà de la rive gauche du Rhin, de nous ramener aux limites de l'ancienne monarchie, on nous enleva sur plusieurs points des circonscriptions importantes : Philippeville, Marienbourg, Bouillon, Sarrelouis, Landau, etc., à l'effet de dégarnir nos frontières, ou mieux pour pratiquer des brèches sur notre territoire; et on voudrait que les traités de 1815 aient à nos yeux force de loi! On voudrait que ces conventions hétéroclites fussent pour nous chose sainte!... Impossible !

Ces traités n'ont-ils pas été éludés, torturés ou violés à différentes reprises? Dès 1821, la Russie favorisait l'émancipation de la Grèce.

Par infraction aux clauses stipulant l'admission de la Turquie au concert des Puissances européennes, la Russie attaqua la Porte Ottomane en 1828 sous un futile prétexte, et lui arracha le traité d'Andrinople. En 1830 la Belgique se séparait de la Hollande avec l'agrément des Alliés, grâce à l'énergique participation de la France. Vers la même époque, la Russie arrachait à la Pologne les derniers lambeaux de sa nationalité, malgré la lettre des traités de 1815 qui assurait à ce peuple infortuné une organisation autonomique. En 1833, la Russie, feignant de porter secours à la Turquie contre l'Égypte, marcha sur Constantinople. Les Puissances occidentales furent obligées de l'arrêter aux Balkans, de même qu'en 1854 elles durent brûler Sébastopol. En 1846, l'Autriche s'incorpore la république de Cracovie. Divers événements politiques, dont nous n'apprécierons ici ni la portée ni la justice, sont autant de violations des traités de 1815, par exemple : les deux guerres de la Confédération germanique contre le Danemark, en 1849 et 1864; la proclamation de la République française en 1848 ; l'accession de Napoléon III à l'empire; la nouvelle érection du royaume d'Italie; l'abandon, par l'Angleterre, de son protectorat sur les îles Ioniennes, etc., etc. Enfin l'empereur Nicolas ne proposa-t-il pas à Napoléon III de déchirer les traités de 1815 et de l'aider à reprendre les frontières du Rhin, pourvu que la France ne mît pas obstacle aux projets de la Russie sur Constantinople?

Que de fois n'a-t-on pas eu occasion de s'apercevoir que l'édifice de 1815 repose sur des données chimériques! La débâcle de l'empire d'Orient, la faiblesse de la Confédération germanique, les manifestations de l'Allemagne, les tentatives toujours renaissantes de la Pologne pour recouvrer sa liberté, les efforts de l'Italie pour se constituer dans son unité, et mille autres causes de même nature contribuent à ébranler chaque jour l'Europe, tant la situation qui lui est faite par le pacte de 1815 est fausse, anomale, insoutenable. Si les peuples sont poussés providentiellement à opérer un remaniement logique, durable et conforme aux vœux des nationalités, ce n'est pas demain, mais aujourd'hui qu'il faudrait se mettre à l'œuvre, sans quoi il pourrait arriver qu'on se trouvât en présence d'un bouleversement général. Mais de ce que nous penchons pour les mesures promptes, énergiques, qu'on n'aille pas supposer pour cela que nous rêvons victoires et conquêtes; bien au contraire, nous nous renfermons strictement dans le principe des nationalités. Les puissances qui ont aspiré à l'empire du monde, c'est-à-dire qui n'ont point respecté les autres nationalités, ont toutes fini misérablement; nul ne s'est apitoyé sur leur sort. Celles qui n'ont pas su conserver leur indépendance, leur intégralité, et qui n'ont pas fait tout leur possible pour les reconquérir, se sont éteintes dans la servitude, et nul n'a gémi sur leur infortune. Toutefois la faiblesse ne saurait constituer pour les forts un droit dont il leur serait permis de tirer injustement parti. Aucune Puissance ne peut, ne doit troubler le monde uniquement pour sa gloire, son ambition ou son avantage. Les anciennes jalousies entre les États, la coupable rivalité entre nations, l'abus de la force, n'importe d'où il vienne et comment il se produise, doivent disparaître devant les principes nouveaux. L'Empire français, en continuant jusqu'au bout son rôle de défenseur du droit public, du droit des nationalités, du droit de la démocratie, — la seule légitimité possible désormais, — contribuera puissamment à reconstituer l'équilibre de l'Europe sur des bases moins fragiles, moins odieuses, plus équitables...

Pouvons-nous dès à présent tracer la ligne politique que suivra la France dans le conflit qu'elle a vainement voulu éloigner? Évidemment non, car les puissances dissimulent avec beaucoup d'adresse leurs intentions. Voici pourtant quelques jalons que nous croyons posés avec une certaine justesse de direction.

L'Italie en péril, la France la défendra.

La Russie intervenant à main armée dans la querelle entre la Prusse et l'Autriche, la France interviendra de son côté.

Nous serions enchantés de trouver une compensation à donner au Danemark.

Si la Prusse marche hardiment et loyalement vers une grande manifestation nationale, pourquoi la troublerions-nous? Néanmoins, si cette Puissance prenait un accroissement inquiétant pour notre sûreté, nous serions fondés à exiger une garantie. Or quelle serait cette garantie, si ce n'est notre frontière naturelle : le Rhin ?

Nous verrions avec peine la Porte Ottomane entrer dans les Principautés. Ce serait vouloir faire revivre la question d'Orient. Nous avons bien assez d'affaires dans le voisinage sans aller chercher des aventures en Asie ou vers ses confins. Mais si cela devenait nécessaire, on s'y transporterait tout de même.

La nation française, a dit un anonyme, n'a pas toujours été ce qu'elle pouvait être, et elle n'est pas encore ce qu'elle sera. Ce qu'elle a fait lui apprendra ce qu'il lui reste à faire. Si elle a rendu d'immenses services aux peuples, elle est tenue à leur prodiguer encore d'autres bienfaits, parce qu'elle a des fautes énormes à réparer. Il y a contre elle une accusation qui prend sa date au sommet de l'histoire et qui commence les archives de plusieurs nations. La vieille Europe l'accuse d'avoir servi d'instrument à ses rois, pour ranger tous les peuples sous la main des pontifes; la vieille Europe l'accuse de son pacte éternel avec le pouvoir sacerdotal, et d'avoir étouffé dans le sein même de Rome, dans le sang des Romains, les derniers cris de la liberté qui allait se ranimer sur les ruines du monde aux temps de Pépin le Bref et de Charlemagne; enfin la vieille Europe l'accuse d'avoir introduit chez tous les peuples les servitudes orientales avec la succession de l'empire romain qui les avait lui-même acceptées de l'Asie.

Sans doute les Français de nos jours ne sont pas coupables des attentats de leurs aïeux; sans doute ils ne sont pas responsables des fautes de leurs pères, au moyen âge, à la Renaissance, pendant la Révolution et sous le premier Empire. Malgré cela, la malheureuse Italie a le droit de porter ses plaintes au tribunal des nations; aussi la France est-elle tenue de réparer le mal qu'elle lui a fait jadis.

Mais la nation française, dans sa révolution, en se déclarant l'amie des peuples, a fait oublier ces temps d'iniquité ou d'erreur. Elle a donné un grand exemple au monde. Après avoir plongé l'Europe dans les ténèbres, elle a reproduit la lumière ; après avoir mis le despotisme sur le trône, elle l'en a fait descendre. Que l'Italie se console et attende. La France lui a déjà rendu beaucoup; elle lui rendra bientôt plus qu'elle ne lui ravit autrefois. La France a commencé sa sublime réparation envers les peuples; elle l'achèvera. Si sa force semble sommeiller en ce moment, pourtant elle ne suspend point ses méditations; elle instruit les peuples qu'elle ne peut délivrer. Au milieu des clartés qu'elle répand, elle a besoin aussi de veiller sur elle-même. Tout la menace au dehors et au dedans : les haines étrangères et les factions antinationales....

Que les rois y fassent attention ! Une grande alliance s'élève au-dessus de la Sainte-Alliance ; une union tacite des peuples constitutionnels se forme à côté des rois despotiques. La meilleure politique des rois est de s'allier intimement avec les peuples et de confondre leurs intérêts réciproques. Voyez combien les rois constitutionnels sont puissants. Par contre, que ferait aujourd'hui la Sainte-Alliance? ou plutôt qu'est-elle encore? L'Angleterre n'a-t-elle pas déserté sa cause ? La Prusse n'est-elle pas en train de l'abandonner ? Depuis que la Sainte-Alliance a changé d'intention et de but, elle a perdu sa force morale, et, par cela seul, sa force matérielle est dissoute.. Elle a été formée contre la France envahissante ; elle périrait en s'attaquant à la France réparatrice et juste. Naguère la France, poussée à bout, a répondu aux inquiétudes des peuples par un cri qui s'est fait entendre aux extrémités de l'Europe : c'est le réveil du lion. Il ne serait pas prudent aux rois de la jeter dans une nécessité violente. Menacée, elle mettrait sur pied 1,500,000 hommes en trois mois, comme au début de sa révolution. Elle en a la puissance, ses jeunes générations en ont le désir; il faut donc se garder de lui en fournir l'occasion. Quelle force, quelle puissance pourrait résister à un pareil torrent ?......

Encore un mot à l'adresse des factions.

A ceux qui souhaitent des revers à la France, dans la persuasion que sa défaite provoquerait une invasion austro-russe et, par suite, le retour d'institutions surannées, devenues impossibles, nous dirons : — Vos imprécations sont impies, car vous appelez la honte, le déshonneur, la désolation, la ruine sur votre patrie. Non-seulement vous n'avez rien appris, rien oublié, mais, délaissant l'intérêt du pays, vous vous laissez dominer par l'égoïsme, et l'on croirait vraiment que le sens moral vous fait défaut. Quelle erreur est la vôtre si vous pensez qu'il n'en coûte rien à un peuple de rétrograder et d'enfouir les splendeurs de l'avenir dans les ténèbres du passé !

A ceux dont les sympathies sont en dehors de l'*Empire*, nous présenterons ces objections : — Si la destinée des peuples est de marcher dans une ère nouvelle, il y a nécessité que tous avancent de front, avec ensemble et unité, sans laisser derrière eux ni traînards ni retardataires. Les fortes nationalités étant seules capables de prendre l'initiative du progrès, laissez l'assiette de l'Europe se dessiner d'une façon normale; et, quand les peuples n'auront rien à s'envier, rien à redouter les uns des autres, alors, — mais seulement alors, — ils seront aptes à former un vaste réseau humanitaire. Pourquoi vouloir le malheur de vos concitoyens? *Périsse l'univers plutôt qu'un principe*, est une maxime vide de sens et dont l'erreur saute aux yeux. Le temps, l'autorité, le droit, voilà les premiers éléments de la liberté. Hors de là, sont le chaos et l'anarchie.

Ceux dont le caractère est aigri par l'adversité, ceux à qui le séjour de l'exil est tellement amer qu'ils seraient tentés de prendre les armes contre leur pays, nous les adjurerons en ces termes: — Est-ce ainsi qu'elles agirent, ces glorieuses phalanges républicaines, dont l'apparition était saluée aux cris de: liberté! liberté!... Elles volaient aux frontières verser leur sang pour leur pays, et vous vous retourneriez contre la France!... La patrie, cette mère qui vous a portés dans ses flancs, n'a pas perdu ses droits sur vous, et qui sait si elle ne vous rendra pas son amour? Je ne crois pas à vos projets: ils ont été enfantés dans la fièvre de l'exaltation, et je vous rends à vous-même cette justice que vous y regarderiez à deux fois avant de poser un pied sacrilége sur le seuil de la patrie!.....

Mais quel blasphème vient de proférer un de ces diplomates au service de tous les despotismes et de toutes les perfidies! N'a-t-il pas dit que la France est l'alliée naturelle de la Russie, vaste sépulcre de la pensée humaine, qu'ouvre et ferme à volonté l'orgueil d'un seul homme: le czar!

Oh! non, la France n'est point l'alliée naturelle de la Russie: elle en est séparée par un abîme!

XV.

Résumé.

Nous allons essayer de résumer en peu mots ce qui ressort de l'ensemble des données politiques auxquelles obéissent les divers cabinets de l'Europe.

Les traités de 1815 seront annulés. La reconstitution de l'Europe sur une base raisonnable, démocratique, ne saurait tarder davantage, le principe des nationalités et celui de la souveraineté nationale étant les seuls qui aient de l'avenir devant eux, parce que les idées fécondes qui en découlent prédominent tous les autres systèmes.

La question italienne est jugée; nous n'avons plus rien à en dire, sinon à répéter que la France ne peut ni ne doit abandonner l'Italie à la merci de l'Autriche.

L'armée italienne est vaillante, splendide; ses soldats, officiers et généraux, sont animés des meilleurs sentiments; Victor-Emmanuel en donne l'exemple; Garibaldi entretient au sein de la population un élan patriotique plein d'enthousiasme; ces résultats tiennent vraiment du prodige, eu égard au peu de temps qu'ils ont mis à se produire. Mais l'Autriche occupe une position formidable, défendue par des forces imposantes. D'un côté, les montagnes du Tyrol et le lac de Garde; de l'autre, les forteresses du Quadrilatère, le Mincio, l'Adige, le Pô, des marais, des lagunes, et, derrière ces obstacles, 250,000 hommes de troupes aguerries, fanatisées.... Dieu fasse que l'Italie puisse se passer du secours de la France!...

A notre avis, le contre-coup du dissident survenu entre les deux grandes Puissances allemandes s'étendra sur la majeure partie de l'Europe; en d'autres termes, la guerre actuelle demande un vaste champ de bataille. Trop de basses rivalités sont en jeu, trop d'ambitions légitimes, trop d'espérances nationales ont été suscitées pour que les unes acceptent aisément leur défaite, et que les autres aient la chance d'assurer leur triomphe sans de violents efforts.

L'Angleterre est attachée au Hanovre par des liens étroits. Elle verrait avec douleur la Prusse s'emparer des côtes de la Baltique; cependant elle redoute encore plus qu'il ne s'établisse une entente à ce sujet entre la France, la Prusse et la Russie. Cette éventualité lui donne beaucoup à réfléchir, et lui prescrit la plus grande circonspection.

Plus que jamais la Russie est en proie aux anxiétés de l'attente. Elle saisirait avec empressement le plus léger prétexte de réveiller la question d'Orient, ne dût-elle y gagner qu'une faible portion de la Bessarabie et des Principautés, dût-elle céder le surplus soit à la Prusse, soit à l'Autriche, soit à tout autre entité politique qui viendrait à surgir.

On dit assez généralement que la neutralité de la Russie dépend de celle de la France. On ne songe pas, en s'exprimant ainsi, que ces deux Puissances se trouvent dans des conditions tout à fait différentes. Le cours des événements prend une direction qui ne peut manquer d'être favorable à la France. Bien loin de s'opposer à ce que la Prusse ne s'agrandisse ou que l'Allemagne se constitue dans son homogénéité, elle y accéderait volontiers, sauf à réclamer certaines garanties territoriales.

La Russie, au contraire, indique par son attitude ambiguë les perplexités dont elle est envahie; de là tant de conjectures... Combattue par ses anciennes relations avec la Prusse, avec l'Autriche, avec une infinité de maisons princières appartenant à la Confédération germanique, elle sera très-embarrassée lorsqu'il lui faudra rompre définitivement, soit avec l'une ou l'autre des deux grandes Puissances, soit avec la Confédération elle-même... Qu'elle vînt à s'entendre avec l'Autriche pour contrebalancer l'influence française au nord de l'Allemagne, il s'ensuivrait une action coopérative de la part de la France et de l'Angleterre, ce dont l'Autriche n'aurait pas lieu de se féliciter assurément... Quant à s'entendre avec la Prusse, en vue d'élever l'Allemagne au rang d'une grande et forte nationalité, la Russie est trop pénétrée de ses propres intérêts pour se prêter à une combinaison qui entraînerait le démembrement de l'Autriche. La reconstitution de la Pologne et la régénération de la Hongrie refouleraient la Russie par delà ses anciennes limites. Elle ne saurait donc consentir à l'amoindrissement de l'Autriche. Combien elle serait heureuse que la Porte-Ottomane lui fournît un prétexte pour intervenir dans les Principautés! Jusqu'ici le gouvernement turc a su se tenir en garde contre toute espèce d'excitations équivoques et malintentionnées; aura-t-il le bon sens de persévérer dans cette prudente résolution? Nous n'osons l'espérer; et alors viendra le tour de la Russie de se mettre en scène...

Un des points les plus difficiles à établir, c'est celui de la véritable situation des esprits et des imaginations, en Allemagne. A vrai dire, l'Allemagne ne sait pas très-bien ce qu'elle veut, ou du moins elle ne s'est pas encore concertée avec elle-même... Dans ce pays, les tendances nationales, les aspirations du libéralisme et du progrès se heurtent à chaque pas contre les résistances dynastiques, les prétentions aristocratiques et les priviléges de toute nature. On a tenu, il est vrai, des assemblées populaires où certaines notions très-libérales furent adoptées à l'unanimité. Les procédés des deux grandes Puissances allemandes envers le Sleswig-Holstein ont été traités d'arbitraires. On a fortement blâmé la Prusse et on lui a dénié le droit d'annexer les duchés. On a demandé pour eux la faculté de se constituer selon le mode de gouvernement en faveur duquel se prononcerait la volonté populaire, et cela, sans s'apercevoir qu'une pareille mesure impliquait une révolution complète et ne tendait à rien moins qu'à renverser d'un seul coup la constitution de l'Allemagne. Il ne faut pas procéder si vite ni *placer la charrue avant les bœufs*.

Quelques individus, plus généreux qu'habiles, plus exaltés que pratiques, se sont appliqués à mettre l'Allemagne en défiance contre la Prusse. « La Prusse, « disent-ils, se soucie fort peu de sauvegarder les « droits de ceux dont elle affecte de soutenir la cause. « Nous nous méfions du despotisme et de ses perfi- « des concessions. Si le cabinet de Berlin tient à « donner des gages de sa sincérité, que ne com- « mence-t-il par appliquer aux duchés de l'Elbe le « régime de la votation universelle! » Nous ne suivrons pas les meneurs sur ce terrain. Les amis du peuple, les hommes d'État sincèrement voués au bonheur de l'Allemagne, finiront par comprendre qu'une révolution nationale, dans un pays divisé, comme l'Allemagne, en une multitude d'expressions, ne peut s'effectuer sans qu'une puissance militaire ne prenne l'initiative du mouvement... Oui, l'unité se fera! mais elle se fera parce que la Prusse l'aura imposée par la force à cette nuée de récalcitrants parmi lesquels figurent, et l'empereur d'Autriche, et les soixante souverains de la Confédération, et l'innombrable séquelle de gens qui sont à leurs trousses. L'acte de l'indépendance et de l'unification allemande une fois accompli, le Parlement national en délimitera les conséquences, en règlera les rapports internationaux, dans l'intérêt commun. L'Allemagne ne courrait-elle pas risque de tomber dans l'anarchie si quelque main vigoureuse et exercée ne prenait sur elle d'expurger le sol de la patrie de tous ces mirmidons qui dénient la majesté du peuple, de tous ces principicules qui s'érigent en représentants du droit divin? Lorsque l'armée est l'expression de l'ordre et de l'autorité, soyez persuadés qu'elle est appelée à rendre d'immenses services à la patrie. Si la liberté consolide les empires, c'est l'armée qui les fonde... Eh! qui vous dit que le roi Guillaume et M. de Bismark ne cherchent pas à marcher sur les traces de Victor-Emmanuel et du comte de Cavour?

Quant à la France, laissez-lui sa liberté d'action, et n'ayez crainte qu'elle en fasse mauvais usage. Elle sacrifierait plutôt ses intérêts, elle ferait bon marché des avantages qu'elle pourrait tirer ou de sa neutralité ou de sa participation à la guerre, avant de mentir à sa vocation : le progrès, la liberté, la démocratie et la résurrection des nationalités courageuses.

FIN DU TOME PREMIER.

Paris. — Imprimerie de Ad. Lainé et J. Havard, rue des Saints-Pères, 19.

www.ingramcontent.com/pod-product-compliance
Ingram Content Group UK Ltd.
Pitfield, Milton Keynes, MK11 3LW, UK
UKHW020202200726
13856UKWH00003B/1145